El Proceso de Desarrollo de Software

2ª Edición

Raúl Noriega Martínez

Tabla de contenido

PROCESO DE DESARROLLO DE SOFTWARE

La ingeniería de software es una forma de ingeniería que aplica los principios de la ciencia de la computación y de la matemática para alcanzar soluciones con una mejor relación entre el coste y el beneficio para el problema de software. Asimismo, se trata de la aplicación sistemática, disciplinada y cuantificable para el desarrollo, operación y mantenimiento de un software.

Al principio, los softwares eran programas muy pequeños debido a las limitaciones del hardware existente en aquellos días. A medida que se fue mejorando la capacidad computacional creció el tamaño y la complejidad del software desarrollado. Varias técnicas surgieron para ayudar en la administración de esa complejidad: Técnicas ligadas a lenguajes de programación; Profundización en los estudios en ingeniería de software; Arquitectura de software y Herramientas CASE (Computer-aided software engineering).

Tras un periodo de bonanza, la crisis del software se identificó en los años sesenta, sin embargo, aún a día de hoy se notan sus efectos. Básicamente la crisis del software se fundamenta en los problemas para entregar programas sin defectos o errores, fáciles de entender y que sean verificables. Varias estrategias se han propuesto en un intento de superar estas dificultades, pero la realidad es que aún no existe ningún método que permita conocer el coste y la duración real de un proyecto antes de su inicio.

El primero de los efectos que aún podemos ver a día de hoy pone de manifiesto que uno de cada cuatro proyectos de software falla en la entrega. Además, el cambio de personal con tasas en torno al 20% se considera algo normal. Otro de los problemas es que los grandes proyectos abarcan periodos de desarrollo de entre tres y cinco años, con los problemas que ello implica, haciendo que muchos de los programas se queden obsoletos antes incluso de su aplicación.

Por último, el mantenimiento de software es uno de los responsables de los mayores costes relacionados con el apartado informático en la mayor parte de las empresas.

Un **proceso** de desarrollo de software es una estructura utilizada para el desarrollo de un producto de software. Entre sus sinónimos están "ciclo de vida" y "proceso de software". Hay muchos modelos para estos procesos, cada uno de ellos describiendo enfoques diferentes para una variedad de tareas y actividades a ser ejecutadas a lo largo del proceso.

Proceso de Desarrollo de Software

Los apartados siguientes muestran los pasos a ejecutar durante el mismo.

- *Investigar los requisitos de los usuarios. Esto se lleva a cabo durante la fase de análisis.*

La gran parte de los usuarios, por no decir todos, no saben exactamente lo que ellos quieren. Esto se debe a que la mayoría no sabe cuales son exactamente las acciones que llevan a cabo a lo largo del día. Desconocen el total de sus tareas.

Es por ello, que el análisis requiere que el desarrollador se convierta intencionalmente en un especialista en el dominio del usuario para ayudarlo y guiarlo en la definición de sus requisitos.

Podemos dividir esta fase en cuatro apartados: En un primer momento, el desarrollador debe escuchar y observar tratando de descubrir el máximo de información; a continuación, deberá interrogar y tratar de aclarar al máximo la información recogida; seguidamente el desarrollador deberá comprobar la información y sugerir soluciones; finalmente, una vez comprendido lo suficiente del problema escribir el documento con la especificación de requisitos.

- *Definir claramente las características necesarias para el sistema (especificación).*

La especificación de requisitos es la última fase de la tarea del análisis. Necesita recoger de forma no ambigua cual es el comportamiento requerido. En el documento se recogen notaciones formales, documentos estructurados y ejemplos.

El objetivo es lograr una especificación de los requisitos que, de forma no ambigua, comunique al proyectista las características requeridas para el sistema.

- *Crear o adaptar una solución adecuada al problema, es decir, la creación del proyecto.*

El proyecto busca desarrollar una solución que atienda a los requisitos, con base en la experiencia acumulada (y técnicas estandarizadas). Habitualmente los proyectos necesitan innovar en cierto nivel, generando varias soluciones posibles y utilizando alguna métrica para seleccionar una de ellas.

El resultado final es un documento de proyecto que de forma no ambigua comunica el proyecto a aquellos que lo irán a implementar.

- *Desarrollar la solución propuesta (implementación).*

Durante esta fase se lleva a cabo el desarrollo de la aplicación en si misma. Es el momento de escribir el código, documentarlo, solucionar cualquier error que se detecte, preparar el código para ser testado, enviar informaciones tanto al proyectista como al analista, así como al testador y/o integrador. El objetivo es alcanzar el código de trabajo y la documentación asociada actualizado listo para ser probado

- *Garantizar que la solución responde al problema originalmente propuesto y que esta funciona correctamente en el contexto a ser ejecutada (integración). Para ello se llevan a cabo diferentes pruebas.*

En esta etapa se comprueba si la implementación corresponde al proyecto y si esta funciona correctamente y atiende a todos los requisitos planteados al inicio del proceso.

Debe testar los módulos individuales y el sistema por completo y la interacción con el entorno, software, datos, etc. existentes.

- *Modificar las soluciones de trabajo cuando nuevos requisitos son presentados o identificados (mantenimiento).*

La realidad es que las necesidades de los usuarios evolucionan y cambian a lo largo del tiempo. Por más exhaustivos que sean los test llevados a cabo estos pueden no descubrir todos los problemas antes de la entrega del software. Por lo tanto, el software también debe cambiar a lo largo del tiempo.

Los cambios en los requisitos pueden dar origen a implementaciones y pruebas extras, o trabajo adicional al proyecto, o incluso de análisis.

Paralelamente al proceso anterior debe realizarse el planteamiento y la gestión de todas las actividades. Para ello es necesario realizar una agenda o calendario de las tareas en sus debidos momentos, proporcionando los recursos necesarios para que las tareas tengan todas las condiciones necesarias para alcanzar sus objetivos. Además, se debe evaluar la eficacia de todas las actividades y buscar la forma de maximizarla. Otro punto importante es acordar con el cliente los plazos y las características de las entregas a ser realizadas.

MODELOS DE DESARROLLO DE SOFTWARE

Hace tiempo que se viene tratando de encontrar un proceso o metodología previsible y repetible que mejore tanto la productividad como la calidad. Varios modelos fueron ideados con el objetivo de "organizar" el proceso de desarrollo de software, pudiendo así redundar en una mayor eficacia y menor coste para el mismo. A continuación, nombraremos algunos de ellos.

Modelo tradicional en cascada: en el modelo más sencillo posible, las fases son ejecutadas de forma secuencial.

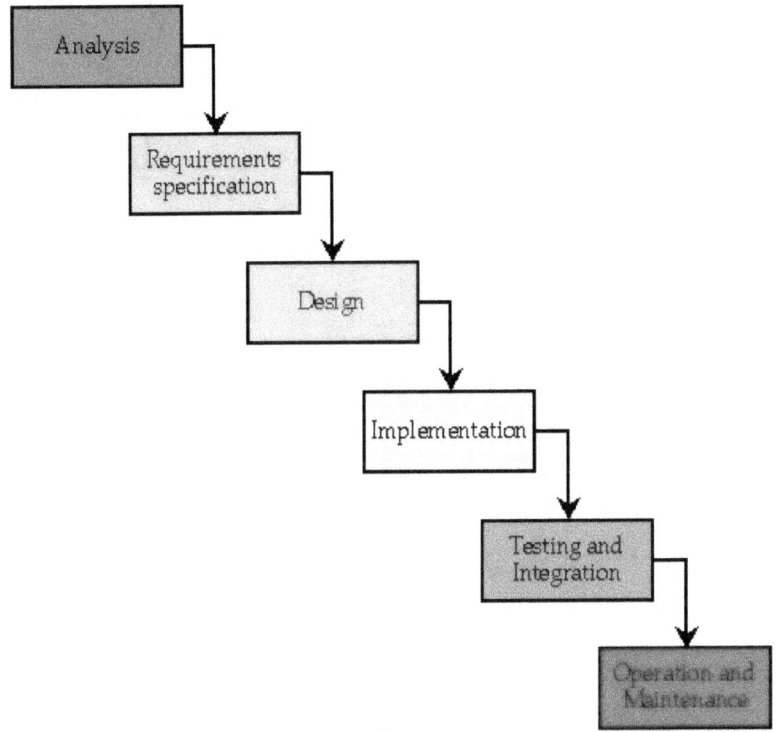

Modelo en fuente: se basa en el modelo en cascada, pero observe que la secuencia siempre contiene ciclos. Refleja el hecho de que algunas fases no pueden comenzar antes que otras y que algunas de estas fases están intercaladas.

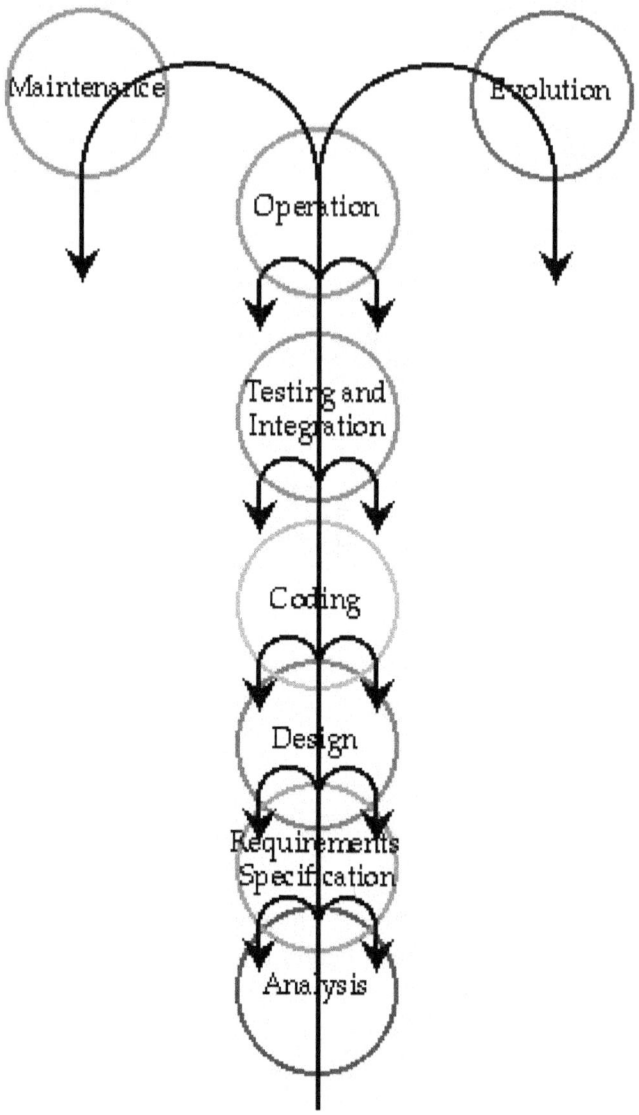

Modelo en espiral: este modelo fue sugerido en el año 1988. Las actividades se repiten y generan un incremento.

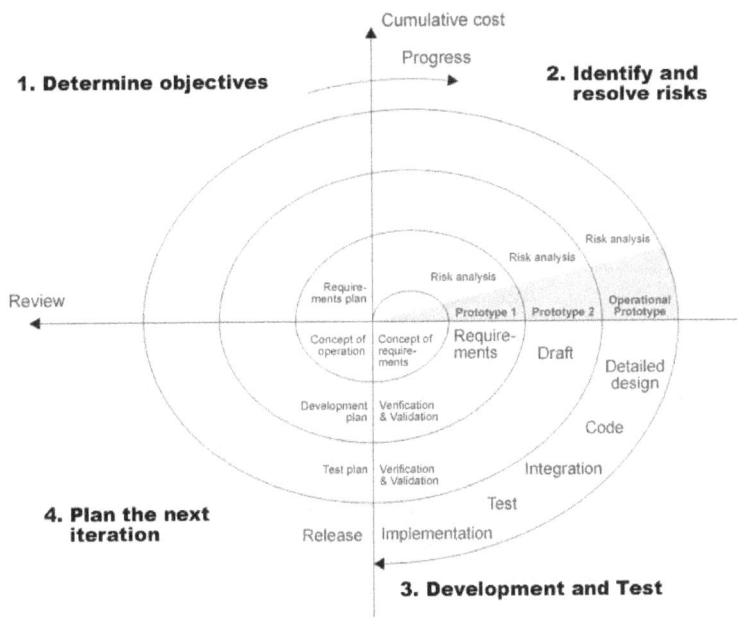

TIPOS DE DESARROLLO

DESARROLLO BASADO EN PROTOTIPOS

El desarrollo está basado en prototipos que parten en cierto modo de la base de "construya algo y vea si eso es lo que se pretende". Se pueden tratar de un proceso de desarrollo completo – Programación Exploratoria - o pueden ser simples bocetos anticipándose al ciclo de vida del proyecto o implementación, o incluso pueden ser parte de un abordaje evolutivo.

DESARROLLO INTERACTIVO E INCREMENTAL

El desarrollo interactivo defiende la construcción inicial de un pequeño pedazo de software, que va creciendo de forma gradual, ayudando a los involucrados en el proceso a descubrir lo más pronto posibles problemas o inconformidades antes de que puedan llevar al desastre al proyecto.

Los procesos iterativos son los preferidos por los desarrolladores comerciales porque ofrecen el potencial de alcanzar los objetivos del proyecto para un cliente que no sabe como comunicar lo que el quiere.

DESARROLLO ÁGIL

El desarrollo ágil de software defiende algunos puntos de vista en detrimento de otros:

- Individuos e interacciones X procesos y herramientas
- Un software funcionando X una documentación comprensible
- Colaboración con el cliente X negociación de contratos
- Respuesta al cambio X seguir un planteamiento

Los procesos ágiles utilizan el feedback, en lugar de la planificación, como su mecanismo de control primario. El feedback se orienta a través de pruebas y releases periódicos del software desarrollado.

LA VERDAD DESAGRADABLE

Lo cierto es que cada uno de los modelos mencionados es apenas una teoría, una simplificación para explicar lo que realmente ocurre o una sugerencia de lo que debe ocurrir. Son, en la mayoría, apenas aproximaciones a la realidad, basadas en presupuestos sobre los tipos de problemas que son comúnmente resultados, sobre las expectativas de los usuarios, sobre los recursos disponibles, plazos, herramientas, complejidad de las tareas, etc.

Ninguno de estos es válido al 100% en todos los casos particulares. Por lo tanto, no existe una solución mágica que siempre garantice que el desarrollo de grandes sistemas sea fácil.

No olvide que...

Es necesario entender al cliente. Este normalmente tendrá a explicar lo que necesita de forma excesiva o menor de la realidad real.

El proyectista debe evitar quedarse con una idea simple del proyecto, debe entender toda su complejidad, aunque a veces no sea obvio.

El proyectista y el analista deben comprender adecuadamente lo que pretenden. Ambos deben conocer cual será el proyecto final.
La programación debe ser fácilmente entendible.

Debe presentarse de forma realista el resultado obtenido, sin generar falsas expectativas o ideas erróneas.

Documentar todo el proceso es imprescindible.

Se debe conocer la estructura sobre la que ese software trabajará.
Las formas de facturar al cliente deben estar definidas.
Conocer el soporte que se dará.

Y saber identificar las necesidades reales del cliente.

CICLO DE VIDA DE UN PROCESO DE DESARROLLO

Las fases del ciclo de vida de un proceso de desarrollo son: Concepción (iniciación), Elaboración, Construcción y Transición. A continuación, hablaremos de ellas con más detalle.

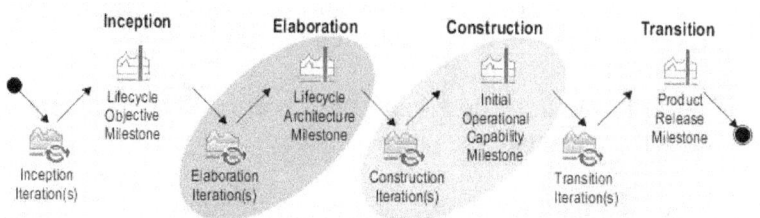

Fase de concepción

El objetivo de esta fase es conseguir el entendimiento simultáneo entre todos los involucrados de los objetivos del ciclo de vida para el proyecto. Los objetivos son:

Comprensión de lo que construir. Determinar la Visión y el alcance de los sistemas y sus límites. Identificar quien está involucrado en el sistema y por qué; Identificar las funcionalidades clave del sistema, decidir que requisitos son los más críticos; Determinar por lo menos una solución posible, identificando al menos una arquitectura candidata y su aplicación práctica; Entender el coste, cronograma y los riesgos asociados al proyecto.

Los proyectos pueden tener una o más interacciones en la fase de concepción. Entre otras razones para tener múltiples interacciones podemos encontrarnos con que el proyecto es grande y su alcance de difícil definición, así como por tratarse de sistemas sin precedentes o con muchos involucrados con necesidades que entran en conflicto y relaciones complejas. Otra posibilidad que nos podemos encontrar son grandes riesgos técnicos que demandan la creación de un prototipo o prueba de concepto.

Fase de elaboración

El propósito de esta fase es establecer una línea de base de la arquitectura del sistema y proporcionar una base estable para el volumen de esfuerzo de desarrollo en la próxima fase.

Los objetivos son: Obtener un entendimiento más detallado de los requisitos; Proyectar, implementar, validar y establecer una línea de base para la arquitectura; Mitigar los riesgos esenciales y producir un cronograma y una estimación de costes precisos.

El número de iteraciones en la fase de elaboración depende de, pero no está limitado por, factores como el desarrollo de un nuevo producto versus ciclo de mantenimiento, sistema sin precedentes versus tecnología y arquitectura conocida, entre otros.

Habitualmente, en la primera iteración, se debe proyectar, implementar y probar un pequeño número de escenarios críticos para identificar que tipo de arquitectura y mecanismos y arquitectura serán necesarios, una vez hecho esto es posible mitigar los riesgos más cruciales. También se deben detallar los requisitos de alto riesgo que deben ser resueltos anticipadamente en el proyecto. Se deben realizar pruebas suficientes para validar que los riesgos arquitecturales están mitigados.

En las siguientes iteraciones, se corrige todo aquello que no estaba bien en la iteración anterior. Se proyecta, implementa y prueban los escenarios arquitecturales significantes que quedaran garantizando que se identifican todas las áreas principales del sistema (cobertura arquitectural) así los riesgos potenciales escondidos aparecen lo antes posible.

Fase de construcción

La finalidad de esta fase es determinar el desarrollo del sistema basado en la arquitectura colocada en la línea de base. Los objetivos son: Desarrollar de forma iterativa un producto completo que este listo para ser entregado a la comunidad de usuarios pronto.

Describir los requisitos que restan, pre-rellenando los detalles del proyecto, finalizando la implementación y la prueba del software, liberando la primera versión operativa (beta) del sistema y determinar si los usuarios ya están listos para que la aplicación pueda ser implantada; Minimizar los costes de desarrollo y conseguir algún grado de paralelismo. Optimizar los recursos y aumentar el paralelismo de desarrollo entre los desarrolladores o los equipos de desarrollo, como, por ejemplo, atribuyendo los componentes que pueden ser desarrollados independientemente a desarrolladores diferentes.

Normalmente la fase de construcción tiene más iteraciones (de dos a cuatro) que las restantes fases dependiendo de los tipos de proyectos:

Proyecto simple: una iteración para construir el producto (para una liberación beta)

Proyecto más complejo: una iteración para exponer un sistema parcial y una para madurarlo para la prueba beta

Proyecto grande: tres o más iteraciones, dependiendo del tamaño del proyecto (cantidad de requisitos a implementar para una liberación beta).

Fase de transición

La finalidad de esta fase es asegurar que el software esté listo lo antes posible para ser entregado a los usuarios. Los objetivos de esta fase son: Ejecutar la prueba Beta para validar si las expectativas de los usuarios fueron atendidas. Estos normalmente requieren de algunas actividades de ajuste fino, tales como reparación de errores o mejoras en el rendimiento y la usabilidad; Obtener la concordancia de los involucrados de que la distribución está completa.

Esto puede envolver varios niveles de pruebas para la aceptación del producto, incluyendo pruebas formales, informales y pruebas beta; Mejorar el desarrollo de proyectos futuros con las lecciones aprendidas. Documentar las lecciones aprendidas y mejorar el entorno de procesos y herramientas para el proyecto.

La fase de transición puede incluir la ejecución paralela de sistemas antiguos y nuevos, migración de datos, formación de usuarios y ajustes en los procesos de negocio.

La cantidad de iteraciones en la fase de transición varia de una iteración para un sistema simple que necesita en primer lugar reparar pequeños errores, hasta muchas iteraciones para un sistema complejo, envolviendo la adición de características y la ejecución de actividades para hacer la transición, en el negocio, del uso del sistema antiguo al sistema nuevo.

Cuando los objetivos de la fase de transición han sido alcanzados el proyecto está listo para ser cerrado. Para algunos productos el fin del ciclo de vida actual del proyecto puede coincidir con el comienzo del ciclo de vida siguiente, conduciéndolo a la nueva generación del mismo producto.

DISCIPLINAS

Las disciplinas son agrupamientos de tareas que comparten un mismo propósito. Existen varios tipos de disciplinas de las que hablaremos a continuación.

ARQUITECTURA

Esta disciplina explica cómo crear la arquitectura del sistema a partir de los requisitos significantes para la misma. La arquitectura es implementada en las disciplinas de desarrollo. Las tareas son definir un esbozo de la arquitectura y a continuación refinar la misma.

DESARROLLO

Esta disciplina explica como proyectar e implementar una solución técnica que esté conforme a la arquitectura y que atienda a los requisitos. Los propósitos son: transformar los requisitos en un proyecto de lo que será el sistema, adaptar el proyecto para que se pueda adecuar al entorno de implementación, construir el sistema de forma incremental generando "builds" y comprobar si las unidades técnicas usadas para la construcción del sistema trabajan de acuerdo a como fueron especificadas.

Las tareas son: integrar y crear un build, proyectar la solución, implementar las pruebas de desarrollador, implementar la solución y ejecutar las pruebas de desarrollador.

GESTION DE PROYECTO

Esta disciplina explica como un "formador" actúa como facilitador y soporte para ayudar al equipo a lidiar con los riesgos y obstáculos encontrados durante la construcción del software. Los propósitos de esta disciplina son: mantener al equipo centrado en la entrega continua del producto de software probado para la evaluación de los involucrados; ayudar a priorizar la secuencia de trabajo; ayudar a crear un entorno de trabajo eficaz para maximizar la productividad del equipo; mantener a los involucrados y al equipo informados del progreso del proyecto y proporcionar una estructura para controlar el riesgo del proyecto y adaptarse continuamente a los cambios.

La gestión de proyecto actúa como un puente entre los interesados/clientes y el equipo de desarrollo.

Las actividades de la gestión de proyecto deben añadir valor y crear un entorno de trabajo de alto rendimiento donde los stakeholders tengan confianza en la habilidad del equipo de conocer las capacidades y restricciones de la plataforma técnica y de entregar con éxito algo valioso y los miembros del equipo de proyecto deben comprender los deseos de los interesados y confirmar que comprendieron, produciendo continuamente un producto de software para evaluación.

El gerente de proyecto trabaja con los interesados para crear un Plan de Proyecto inicial basado en la Visión. Este plan define el tamaño y objetivo de las cuatro fases y de las iteraciones de cada fase. Al principio de cada iteración, el gerente de proyecto trabaja con los interesados y con el equipo de desarrollo para priorizar los requisitos, las peticiones de cambios y los defectos en la Lista de Ítems de Trabajo y colocarlos en la iteración corriente.

El gerente de proyecto trabaja entonces con un equipo de desarrollo para crear un Plan de Iteración más refinado, basado en los objetivos descritos en el plan de proyecto y en los ítems de trabajo atribuidos a la iteración.

Los miembros del equipo se ofrecen para ejecutar los ítems de trabajo y proporcionar al gerente de proyecto las tareas y las estimaciones de tiempo necesarias para entregar tales ítems.

El equipo muestra que entendió los deseos de los involucrados durante cada iteración por la construcción de un producto de software que es mostrado a los mismos para confirmar el entendimiento e incentivar el feedback. Al final de cada iteración, la evaluación de la Construcción final debe incluir los resultados de las pruebas, debe ser registrada en una Evaluación de Estado y debe ser comunicada a todos los involucrados y miembros del equipo.

El equipo de desarrollo muestra el progreso continuo a los involucrados reportando los ítems de trabajo terminados en cada iteración a través del Project Burndown. El equipo puede utilizar el Iteration Burndown para mostrar el progreso durante una iteración.

La gestión de proyecto necesita considerar las incertidumbres que el proyecto enfrentará (los riesgos) y trabajar de forma preactiva con los interesados y el equipo para adaptarse continuamente a los cambios en los requisitos del negocio, en los requisitos de sistema y en las capacidades técnicas.

La gestión de proyecto es una disciplina tipo paraguas que impacta y es impactada por todas las otras disciplinas.

REQUISITOS

Esta disciplina explica como licitar, analizar, especificar, validar y gestionar los requisitos para el sistema a ser desarrollado. El propósito de esta disciplina es: entender el problema a ser resuelto; entender las necesidades de los involucrados; definir los requisitos para la solución; definir los límites (alcance) del sistema; identificar las restricciones técnicas para el planeamiento de las iteraciones; proporcionar la base inicial para la estimación del coste y cronograma.

Para conseguir los objetivos es importante comprender la definición y el alcance del problema que estamos intentando resolver. Los involucrados son identificados y el problema a ser resuelto es definido. Concordando con el problema a ser resuelto, los Requisitos para el sistema son provocados, organizados, analizados, validados y especificados. Durante todo el ciclo de vida, los cambios en los requisitos son gestionados.

PRUEBA

Esta disciplina explica como proporcionar un feedback sobre la madurez del sistema a través de la evaluación del proyecto, implementación, ejecución y de los resultados de las pruebas. El propósito de esta disciplina es: encontrar y documentar defectos; validar y probar las suposiciones hechas en el proyecto y requisitos especificados a través de demostraciones concretas; validar que el producto de software fue hecho como se proyectó; validar que los requisitos están apropiadamente implementados.

Un esfuerzo de prueba correcta está basado en la filosofía de pruebas breves y pruebas frecuentes. Como orientación: ¿Cómo se podría romper este software? ¿En qué posibles situaciones podría estar este software para trabajar de manera previsible?

Las pruebas desafían las suposiciones, riesgos y otras incertidumbres inherentes en el trabajo de otras disciplinas y trata esas preocupaciones dousan demostración concreta y evaluación imparcial.

FASE DE CONCEPCIÓN (INCEPTION)

Los objetivos de la fase de concepción son los siguientes:

- Entender el sistema que será construido.
- Identificar las funcionalidades clave para el sistema.
- Determinar al menos una posible solución.
- Entender el coste, cronograma y los riesgos asociados al proyecto.

ACTIVIDADES A SER EJECUTADAS

INICIAR EL PROYECTO

Comenzar el proyecto, acordando con los involucrados el alcance del proyecto y elaborar un plan inicial para alcanzarlo.

TAREAS A SER REALIZADAS

Desarrollar una visión técnica

Para ello es necesario definir una visión común para el sistema, describir los problemas (necesidades) y las características solicitadas. Para ello es necesario: identificar a los involucrados; alcanzar un acuerdo del problema a ser resuelto; mapear los requisitos de los involucrados; definir el alcance de la solución; definir las características del sistema; alcanzar la concordancia de todos y capturar el vocabulario común.

Planear el proyecto

Describe un acuerdo inicial de cómo el proyecto alcanzará sus metas. Los pasos a seguir son: montar un equipo muy unido; estimar el tamaño del proyecto; evaluar los riesgos; estimar la velocidad y duración del proyecto; esbozar el ciclo de vida para el proyecto; establecer el coste y articular el valor y planear la implantación.

PLANEAR Y GESTIONAR LA ITERACIÓN

Iniciar la iteración y atribuir las tareas de desarrollo a los miembros del equipo y monitorear e informar el estatus para los involucrados, así como identificar y gestionar las excepciones y problemas.

TAREAS A SER REALIZADAS

Planear la iteración

Planear el alcance y las responsabilidades para una iteración dada. Para ello se deben seguir los siguientes pasos: priorizar la lista de ítems de trabajo; definir los objetivos de la iteración; consignar trabajo a la iteración; identificar y revisar los riesgos; definir un criterio de evaluación y refinar la definición y alcance del proyecto.

Gestionar la iteración

Evaluar el estatus del proyecto, identificando obstáculos y oportunidades. Asimismo, identificar y gestionar las excepciones, problemas y riesgos. Los pasos a seguir son: rastrear el progreso de la iteración corriente; capturar y comunicar el estatus del proyecto; gestionar las excepciones y los problemas, así como los riesgos, y gestionar los objetivos.

Evaluar los resultados

Determinar el éxito o fracaso de la iteración. Aplicar las lecciones aprendidas para modificar el proyecto y perfeccionar el proceso. Los pasos a seguir son: preparar la evaluación de la iteración; demostrar el valor y obtener feedback; realizar una retrospectiva; realizar una reunión de finalización del proyecto (última iteración).

IDENTIFICAR Y REFINAR LOS REQUISITOS

Se debe centrar esta actividad en el acuerdo en el problema a ser solucionado.

TAREAS A SER REALIZADAS

Identificar y esbozar los requisitos

Esbozar los requisitos para el sistema, determinando el alcance del mismo. Identificar y capturar los requisitos funcionales y no-funcionales para el sistema. Los pasos a seguir son los que se mencionan a continuación: agrupar las informaciones; identificar y capturar los términos de dominio; identificar los tipos de requisitos relevantes para el sistema; identificar y capturar los casos de uso y sus actores; identificar y capturar requisitos del sistema como un todo y alcanzar la concordancia de todos.

Detallar los escenarios de casos de uso

Describir los escenarios detallados para los casos de uso del sistema con el nivel de detalles suficiente para validar el entendimiento de los requisitos y garantizar la concordancia con las expectativas de los interesados. Los pasos a seguir son: detallar los casos de uso y escenarios; actualizar el modelo de caso de uso; detallar los términos del glosario y alcanzar la concordancia de todos.

Detallar los requisitos del sistema como un todo

Detallar uno o más requisitos que no se aplican a ningún caso de uso específico con el nivel de detalles suficiente para validar la comprensión de los requisitos y garantizar la concordancia con las expectativas de los involucrados. Pasos: detallar los requisitos del sistema como un todo; detallar los términos del glosario y alcanzar la concordancia de todos.

Crear los casos de prueba

Desarrollar los casos de prueba y datos de prueba para los requisitos a ser probados alcanzando un entendimiento compartido sobre las condiciones específicas que el sistema debe atender. Los pasos son: revisar los requisitos a ser testados; identificar los casos de prueba relevantes; esbozar los casos de prueba; identificar los datos de prueba necesarios y compartir y evaluar los casos de prueba.

ACORDAR UN ABORDAJE TÉCNICO

El objetivo es alcanzar un acuerdo en la viabilidad técnica del abordaje propuesto para la solución.

TAREAS A REALIZAR

Pasos: identificar las metas arquitecturales; identificar los requisitos significativos para la arquitectura; identificar restricciones en la arquitectura; identificar las abstracciones clave; identificar oportunidades de reuso; definir el abordaje para el particionamiento del sistema; definir el abordaje para implantación del sistema; identificar mecanismos arquitecturales; identificar interfaces con sistemas externos; comprobar la consistencia arquitectural y capturar y comunicar las decisiones arquitecturales.

FASE DE ELABORACIÓN (ELABORATION)

OBJETIVOS DE LA FASE DE ELABORACIÓN

Los objetivos de esta etapa son obtener un entendimiento más detallado de los requisitos del sistema; proyectar, implementar y validar la arquitectura de referencia; mitigar los riesgos esenciales y producir un cronograma y una estimación de costes más precisos.

ACTIVIDADES A SER EJECUTADAS

IDENTIFICAR Y REFINAR LOS REQUISITOS

El centro cambia hacia la definición de la solución.

TAREAS A REALIZAR

Identificar y esbozar los requisitos

Al igual que en la etapa anterior, las tareas a desarrollar en esta fase son esbozar los requisitos para el sistema, determinando el alcance del mismo e identificar y capturar los requisitos funcionales y no funcionales del sistema. Los pasos y las acciones a desarrollar son las que ya se nombraron en el capítulo anterior.

DESARROLLAR LA ARQUITECTURA

Desarrollar los requisitos arquitecturalmente significativos priorizados para la iteración. Refinar la arquitectura inicial de alto nivel en un software funcionando con el objetivo de producir un software estable que atienda los riesgos técnicos en el ámbito.

Desarrollar la arquitectura

Los arquitectos y desarrolladores trabajan juntos para refinar el boceto inicial de la arquitectura en elementos de proyecto concreto, garantizar que las decisiones arquitecturales son adecuadamente capturadas y comunicadas, garantizar que el equipo posee informaciones suficientes para permitir que el software sea desarrollado y garantizar que los requisitos que fueron priorizados para la iteración corriente fueran adecuadamente atendidos en el software.

TAREAS A REALIZAR

Refinar la arquitectura

Implementar, evaluar y evolucionar con la arquitectura ejecutable. Los pasos a seguir son: refinar las metas arquitecturales y los requisitos arquitecturalmente significantes; identificar elementos de proyecto arquitecturalmente significantes (componentes, clases y subsistemas); refinar los mecanismos arquitecturales; definir el desarrollo y la prueba de la arquitectura; identificar oportunidades adicionales de reuso; validar la arquitectura; mapear el software en el hardware y comunicar las decisiones.

Definiendo la arquitectura

Razones para hacer en el inicio del proyecto un modelado ágil de la arquitectura:

- Aumentar la productividad
- Reducir el riesgo técnico
- Reducir el tiempo de desarrollo
- Mejorar la comunicación
- Subsidiar el desarrollo ágil de software
- Mejorar la organización del equipo

¿Qué debe ser modelado inicialmente?

- Diagramas de tecnología
- Flujo de la interfaz con el usuario
- Modelos de dominio
- Casos de cambio

DIAGRAMA DE TECNOLOGÍA

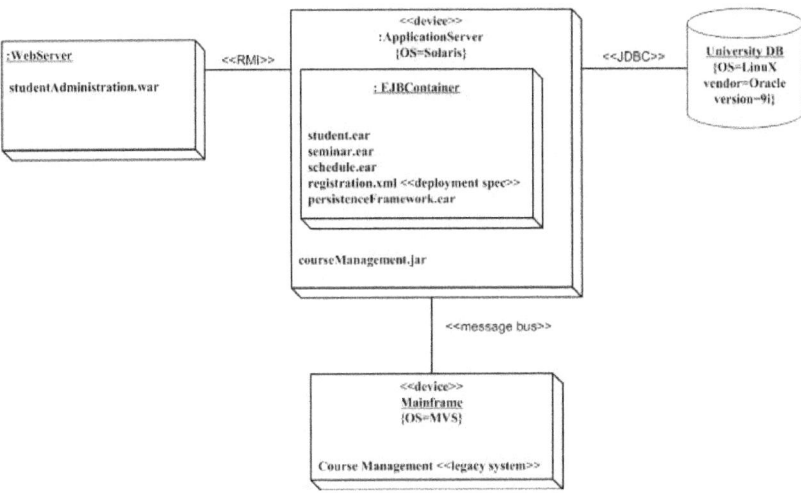

MODELO DE DOMINIO

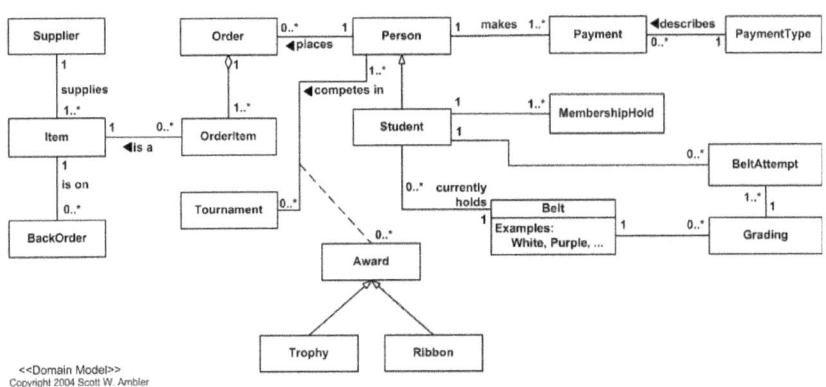

<<Domain Model>>
Copyright 2004 Scott W. Ambler

DESARROLLAR UN INCREMENTO DE LA SOLUCIÓN

Forma de ejecutar el planteamiento y ejecución basados en metas. Facilita el acompañamiento y el feedback.

ORDEN DE LAS TAREAS

Proyectar la solución: diagramas de interacción, [de estados], [de actividades], y de clase de proyecto.

Implementar las pruebas de desarrollador: implementar las pruebas unitarias (pruebas de clase).

Implementar la solución: codificar según los estándares de codificación.

Ejecutar las pruebas de desarrollador: ejecutar las pruebas unitarias, corrigiendo los errores.

Integrar y generar un build.

PROBAR LA SOLUCIÓN

Desarrollar y ejecutar pruebas que garantizan que el sistema satisface los requisitos. Validar si los requisitos implementados reflejan una arquitectura robusta.

TAREAS A REALIZAR

Implementar las pruebas

Implementar rutas de prueba paso-a-paso que muestren que la solución satisface los requisitos. Los pasos a seguir son: seleccionar los casos de prueba a ser implementados; proyectar la ruta de las pruebas; implementar una ruta de pruebas ejecutable; definir datos de prueba específicos; organizar las rutas de prueba en "suites"; comprobar la implementación de las pruebas y compartir y evaluar las rutas de prueba.

Ejecutar las pruebas

Proporcionar un feedback para el equipo de qué bien satisface el build los requisitos seleccionados. Los pasos son: revisar los ítems de trabajo completados para el build; seleccionar las rutas de pruebas; ejecutar las rutas de las pruebas en el build; analizar y comunicar los resultados de las pruebas y proveer un feedback para el equipo.

PLANEAR Y GESTIONAR LA ITERACIÓN

Iniciar la iteración y atribuir tareas de desarrollo a los miembros del equipo. Monitorizar e informar el estatus para los involucrados. Identificar y gestionar las excepciones y problemas.

TAREAS A REALIZAR

Planear la iteración

Planear el alcance y responsabilidades para una iteración dada. Los pasos a llevar a cabo son: priorizar la lista de ítems de trabajo; definir los objetivos de la iteración; consignar trabajo a la iteración; identificar y revisar los riesgos; definir un criterio de evaluación y refinar la definición y alcance del proyecto.

Gestionar la iteración

Evaluar el estatus del proyecto, identificar obstáculos y oportunidades e identificar y gestionar las excepciones, problemas y riesgos.

Los pasos a llevar a cabo son: rastrear el progreso de la iteración corriente; capturar e informar el estatus del proyecto; gestionar excepciones y problemas; identificar y gestionar los riesgos y gestionar los objetivos.

Evaluar los resultados

Determinar el éxito o fracaso de la iteración. Aplicar las lecciones aprendidas para modificar el proyecto y perfeccionar el proceso. Los pasos a seguir son: prepararse para la evaluación de la iteración; demostrar el valor y obtener feedback; realizar una retrospectiva; realizar una retrospectiva (final de la fase) y reunión de finalización del proyecto (última iteración).

REGISTRAR CORRECCIONES O CAMBIOS

Cualquier actividad que no es parte del cronograma. Incluye la tarea de "solicitud de cambio". Puede ocurrir durante el ciclo de vida en respuesta a la observación de un defecto, una mejora deseada o una solicitud de cambio.

TAREAS A REALIZAR

Solicitud de cambio

Cualquier miembro del equipo puede ser responsable de registrar una solicitud de cambio, los más comunes son: Interesados/Clientes – mejoras o cambios / Testadores – relatar defectos. Capturar y registrar peticiones de cambios. Los pasos a seguir son: obtener informaciones sobre la solicitud de cambio y actualizar la lista de ítems de trabajo.

FASE DE CONSTRUCCIÓN (CONSTRUTION)

En esta fase, la arquitectura debe ser estable, permitiendo que los requisitos restantes sean implementados sobre ella. Otra ventaja de la validación de la arquitectura y eliminación de la mayor parte de los riesgos es que la fase de construcción queda más previsible, permite al gerente de proyecto centrarse en la eficacia del equipo y reducción de los costes.

Las funcionalidades del sistema serán continuamente: Implementadas, Testadas e Integradas. Deben ser generados builds cada vez más completos y estables. Próxima al final de la fase es importante que sea realizada la implantación de una "beta" o "prerelease" (anticipando la próxima fase).

OBJETIVOS Y ACTIVIDADES

Objetivos de la fase	Actividades que enderezan los objetivos
Desarrollar iterativamente un producto completo, que esté pronto para sufrir la transición para el entorno del usuario	Identificar y refinar los requisitos Desarrollar un incremento de la solución Probar la solución
Minimizar los costes de desarrollo y alcanzar un cierto grado de paralelismo	Planear y gestionar la iteración Desarrollar un incremento de la solución Probar la solución

ACTIVIDADES A SER EJECUTADAS

IDENTIFICAR Y REFINAR LOS REQUISITOS

Detallar los CDUs a ser implementados. Comprobar si la implementación corresponde a los requisitos.

TAREAS A SER REALIZADAS

Detallar los escenarios de los Casos de Uso

Describir los escenarios detallados para los casos de uso del sistema, con el nivel de detalles suficiente para validar el entendimiento de los requisitos y garantizar la concordancia con las expectativas de los involucrados. Los pasos a seguir son: detallar los casos de uso y los escenarios; actualizar el modelo de casos de uso; detallar los términos del glosario y alcanzar la concordancia de todos.

Crear los casos de prueba

Desarrollar los casos de prueba y los datos de prueba para los requisitos a ser probados, alcanzando un entendimiento compartido sobre las condiciones específicas que el sistema debe atender. Los pasos a ejecutar son: revisar los requisitos a ser probados; identificar los casos de prueba relevantes; esbozar los casos de prueba; identificar los datos de prueba necesarios y compartir y evaluar los casos de prueba.

DESARROLLAR UN INCREMENTO DE LA SOLUCIÓN

Deben ser estudiadas estrategias de paralelismo de las acciones de implementación.

ORDEN DE LAS TAREAS

Proyectar la solución: diagramas de interacción, [de estados], [de actividades] y de clases de proyecto.

Implementar las pruebas de desarrollador: implementar las pruebas unitarias (pruebas de clase)

Implementar la solución: codificar según los estándares de codificación.

Ejecutar las pruebas de desarrollador: ejecutar las pruebas unitarias, corrigiendo los errores.

Integrar y generar un build.

VISIÓN GENERAL DEL FLUJO DE TRABAJO

No es necesario hacer el proyecto para todos los casos de uso siendo desarrollados. El proyecto específico para algunos casos de uso puede ser evidente en el contexto de la arquitectura y de los proyectos de otros casos de uso ya implementados. Si un caso de uso específico aborda aspectos aún no implementados, puede ser necesario un esfuerzo proyectar la solución antes de iniciar la implementación, aunque sólo sea un ejercicio mental.

Estando clara la organización de la solución técnica es importante definir las pruebas de desarrollador que verificarán la implementación. El abordaje orientado a pruebas garantiza que consideraciones de proyecto sean de hecho observadas antes de que la solución sea codificada. Con cada avance en la implementación son ejecutadas nuevas pruebas de desarrollo (pruebas unitarias). Estas definen claramente el criterio que determina si la implementación está de acuerdo con lo esperado.

Con cada pequeño avance las pruebas son ejecutadas, si la prueba específica falla, volvemos a la implementación de la solución, probando nuevamente una vez concluida la implementación.

Ese lazo de repetición es ejecutado hasta que la prueba específica supera la prueba. Si la implementación del caso de uso aún no estuviera completa es seleccionado un nuevo avance para ser implementado.

Superar las pruebas no implica que la solución sea necesariamente apropiada y de alta calidad; para proceder a ese tipo de análisis debemos revisar el proyecto de la solución. Y en caso de cualquier alteración en el proyecto, todo el proceso debe ser repetido, dado que cualquier cambio en el proyecto puede afectar a las pruebas del desarrollador y de la implementación.

PROBAR LA SOLUCIÓN

Desarrollar y ejecutar pruebas que garanticen que los casos de uso seleccionados fueron implementados conforme se especificaron.

TAREAS A REALIZAR

Implementar las pruebas

Implementar rutas de pruebas paso a paso que demuestren que la solución satisface los requisitos.

Los pasos a ejecutar son: seleccionar los casos de prueba a ser implementados; proyectar la ruta de pruebas; implementar una ruta de pruebas ejecutable; definir datos de prueba específicos; organizar las rutas de pruebas en suites; verificar la implementación de las pruebas y compartir y evaluar las rutas de prueba.

Ejecutar las pruebas

Hacer posible un feedback para el equipo de cómo de bien el build satisface los requisitos seleccionados.

Pasos a seguir: revisar los ítems de trabajo completados en el build; seleccionar las rutas de pruebas; ejecutar las rutas de pruebas en el build; analizar y comunicar los resultados de las pruebas y proporcionar un feedback al equipo.

PLANEAR Y GESIONAR LA ITERACIÓN

Distribución de las tareas de desarrollo entre los miembros del equipo. Monitorear e informar el estatus para los interesados. Identificar y gestionar las excepciones y problemas.

Esta actividad es realizada durante todo el ciclo de vida del proyecto. El objetivo principal de esta actividad es: la identificación anticipada de riesgos y problemas para que los mismos puedan ser mitigados y establecer metas claras y compartidas para la iteración (buscando el compromiso de todos) así como dar soporte al equipo de desarrollo para que alcancen las metas definidas.

Las orientaciones generales para gerentes y equipo son:

- Realizar una priorización del trabajo atribuido para la iteración.
- Todos deben concordar con lo que será desarrollado en la iteración.
- Un miembro del equipo puede asumir la responsabilidad por ítems de trabajo.
- Un miembro del equipo divide un ítem de trabajo en tareas de desarrollo y estima su esfuerzo (estimación más precisa y realista del tiempo que se consumirá).

A medida que la iteración va ocurriendo, el equipo regularmente informa del trabajo que fue completado y del trabajo que está siendo realizado, el próximo trabajo a ser realizado y los problemas que están bloqueando el progreso. Estas informaciones pueden ser pasadas en una reunión diaria, rápida y objetiva, en la que el equipo puede discutir el estatus del trabajo, apuntar problemas y riesgos – a ser atacados por el gerente - y proporcionar ajustes o correcciones para garantizar que los objetivos de la iteración sean alcanzados.

Durante la evaluación de la iteración, la clave para el éxito es la demostración de que la funcionalidad planeada fue debidamente implementada.

Si el final de la iteración coincide con el final de una fase, deben ser observados también los objetivos de la fase. Las lecciones aprendidas deben ser debidamente discutidas e incorporadas al proceso, para la mejora del mismo.

TAREAS A REALIZAR

Planear la iteración

Planear el alcance y responsabilidades para una iteración dada. Los pasos a seguir son: priorizar la lista de ítems de trabajo; definir los objetivos de la iteración; consignar trabajo a la iteración; identificar y rever los riesgos; definir un criterio de evaluación y refinar la definición y alcance del proyecto.

Gestionar la iteración

Evaluar el estatus del proyecto, identificando obstáculos y oportunidades. Identificar y gestionar las excepciones, problemas y riesgos. Los pasos a seguir son: rastrear el progreso de la iteración corriente; capturar y comunicar el estatus del proyecto; gestionar excepciones y problemas; identificar y gestionar los riesgos y gestionar los objetivos.

Evaluar los resultados

Determinar el éxito o fracaso de la iteración. Aplicar las lecciones aprendidas para modificar el proyecto y perfeccionar el proceso.

Los pasos a seguir son: preparar la evaluación de la iteración; demostrar el valor y obtener feedback; realizar una retrospectiva; realizar una retrospectiva (final de la fase) y reunión de finalización del proyecto (ultima iteración).

REGISTRAR CORRECCIONES O CAMBIOS

Actividad que no forma parte del cronograma. La tarea de solicitar cambios puede ocurrir durante el ciclo de vida en respuesta a la observación de un defecto, una mejora deseada o una solicitud de cambio.

TAREAS A REALIZAR

Solicitud de cambio

Cualquier miembro del equipo puede ser responsable de registrar una solicitud de cambio, los más comunes son por parte de los interesados (mejoras o cambios) y por parte de los testadores (comunicación de defectos). Se debe capturar y registrar las peticiones de cambios. Los pasos a seguir son: obtener informaciones sobre la solicitud de cambio y actualizar la lista de ítems de trabajo.

FASE DE TRANSICIÓN (TRANSITION)

El propósito de esta fase es garantizar que el software está listo para ser entregado a los usuarios. Realizar una sintonía final del software (versión "beta" resultante de la iteración de construcción), en términos de funcionalidad, usabilidad (claridad y facilidad de acceso), estabilidad, rendimiento y de la calidad general.

OBJETIVOS Y ACTIVIDADES

Objetivos de la fase	Actividades que encaminan los objetivos
Realizar una prueba "beta" para validar si las expectativas del usuario fueron satisfechas	Tareas continuas Desarrollar un incremento de la solución Probar las solución
Alcanzar la concordancia de los involucrados con que el desarrollo está completo	Planear y gestionar la iteración Probar la solución
Mejorar el rendimiento de proyectos futuros a través de las lecciones aprendidas	Planear y gestionar la iteración

Para alcanzar la concordancia de los involucrados es necesario ejecutar varios niveles de pruebas de aceptación incluyendo pruebas formales, informales y beta.

La validación de la versión beta envuelve la corrección de bus y la realización de mejora en el rendimiento y usabilidad.

Para mejorar los proyectos futuros, las lecciones aprendidas necesitan ser documentadas y se deben mapear los impactos en el proceso y en las herramientas utilizadas.

CONSIDERACIONES CLAVE

La fase de transición puede incluir la ejecución de sistemas antiguos en paralelo, la migración de datos, formación de usuarios y ajustes de procesos de negocio. Cada una de las acciones mencionadas debe ser precedida de una estrategia bien definida, bien como la definición de soluciones de contorno para posibles problemas de ejecución.

El número de iteraciones de transición varía de acuerdo con el escenario en cuestión. Los sistemas simples pueden requerir pocas correcciones de bugs, mientras que los sistemas más complejos, que involucran la adición de nuevas características, así como la realización de un conjunto de acciones de migración entre un sistema legado y el nuevo, requieren de varias iteraciones.

Cuando los objetivos de la fase de transición fueron alcanzados el proyecto puede ser cerrado. Para algunos productos, el fin del ciclo de vida del desarrollo puede coincidir con el inicio de un nuevo ciclo de vida, como el mantenimiento (mismo equipo o con un nuevo equipo) o desarrollo de una nueva versión.

DESARROLLAR UN INCREMENTO DE LA SOLUCIÓN

Esta acción se aplica durante la corrección de bugs, mejoras (rendimiento o usabilidad) o para la adición de nuevas funcionalidades.

PROYECTO

No es necesario hacer el proyecto para todos los casos de uso trabajados, en el caso de nuevas funcionalidades puede ser tomada como base la arquitectura y los proyectos de otros casos de uso ya implementados.

En este estado, hacer el proyecto puede comprometer el tiempo a ser utilizado en la corrección de otros bugs. En el caso de que el proyecto fuera vital la opción recomendable sería un proyecto ágil.

Para los casos de corrección de bus y mejoras es importante consultar el proyecto original.

PRUEBAS DE DESARROLLADOR

Las pruebas de desarrollador ganan una importancia aún mayor en esta fase debido a que ante la posible ausencia de proyecto, añaden seguridad al desarrollador de que el código introducido no compromete otras partes del sistema. Los cambios en el código serán integrados si superan todas las pruebas.

REFACTORIZACIÓN

Durante la implementación es importante observar las oportunidades de refactorización para reestructurar el código sin cambiar o su comportamiento con la intención de mejorar el proyecto, el rendimiento o dejarlo más claro.

Cuatro razones para refactorizar el código son:

- Mejorar el proyecto de software
- Hacer el código más fácil de entender
- Ayudar a encontrar bugs
- Hacer el programa más rápido

No obstante, hay que tener en cuenta que sólo es seguro refactorizar si existen pruebas de desarrollador para validar el resultado.

PROBAR LA SOLUCIÓN

La prioridad son las pruebas de aceptación ejecutadas por los usuarios finales. Implementar las pruebas es como preparar el escenario para las pruebas de aceptación. El usuario es quien ejecuta todos los casos de uso y acepta o no.

TAREAS A REALIZAR

Implementar las pruebas

Los pasos que se deben seguir en esta fase son los siguientes: Seleccionar los casos de prueba a ser implementados. Proyectar la ruta de las pruebas. Implementar un camino de pruebas ejecutable. Definir datos de prueba específicos. Organizar las rutas de pruebas en suites. Comprobar la implementación de las pruebas. Compartir y evaluar las rutas de prueba.

Ejecutar las pruebas

Los pasos a realizar son: rever los ítems de trabajo completados en el build. Seleccionar las rutas de las pruebas. Ejecutar las rutas de las pruebas en el build. Analizar y comunicar los resultados de las pruebas. Proveer un feedback para el equipo identificando bugs, posibles mejoras y posibles nuevas funcionalidades a ser discutidas.

PRUEBA DE REQUISITOS CUALITATIVOS

En este momento es importante observar otros aspectos a ser probados como la integridad (resistencia a errores o fallos), posibilidad de instalar y utilizar en varias plataformas y de manipular muchas peticiones simultáneas.

Los tipos de prueba de funcionalidad son:

- Prueba funcional→ se centra en validar las funciones

conforme fueron especificadas (casos de uso).

- Prueba de seguridad→ se centra en garantizar que los datos son accesibles sólo para los actores autorizados.
- Prueba de volumen→ busca verificar la capacidad del sistema para manipular un gran volumen de datos tanto de entrada como de salida o en la base de datos.

Los tipos de prueba de usabilidad son:

- Prueba de usabilidad→ centrada en factores humanos, estética, consistencia de los datos, ayuda sensible al contexto, asistentes y agentes, documentación del usuario y material de formación.
- Prueba de integridad→ se centra en evaluar la robustez (resistencia a errores), fidelidad del lenguaje, sintaxis y uso de los recursos.
- Prueba de estructura→ se centra en evaluar la adherencia al proyecto del flujo de navegación (por ejemplo, links de páginas web correctos y no rotos).

Las pruebas de confiabilidad son:

- Prueba de estrés→ se centra en evaluar como el sistema responde en condiciones fuera de lo normal, como carga de trabajo extrema, memoria insuficiente, servicios y hardware no disponibles o recursos compartidos limitados.
- Prueba de benchmark→ se centra en comparar el rendimiento del nuevo sistema con algún sistema de referencia.
- Prueba de contención→ centrada en validar la capacidad de manipular, de forma aceptable, múltiples demandas para un mismo recurso.

Las pruebas de rendimiento son:

- Prueba de carga→ usada para validar y evaluar la aceptabilidad de los límites operacionales del sistema dada la variación de carga de trabajo a la que el mismo es sometido.
- Perfilamiento de rendimiento→ prueba en la cual el perfil de tiempo es monitorizado, incluyendo el flujo de ejecución, acceso a datos y llamadas al sistema.
- Prueba de configuración→ se centra en garantizar la perfecta funcionalidad del sistema sobre diferentes configuraciones de hardware y software.

La prueba de soportabilidad es:

- Prueba de instalación→ centrada en garantizar que el sistema instala como fue previsto en diferentes configuraciones de hardware y software.

PLANEAR Y GESTIONAR LA ITERACIÓN

Incluye la distribución de las tareas de desarrollo entre los miembros del equipo. Monitorizar e informar el estatus a los afectados e identificar y gestionar las excepciones y problemas.

Esta actividad es realizada durante todo el ciclo de vida del proyecto. El objetivo principal de la misma es la identificación anticipada de los riesgos y problemas para que los mismos puedan ser mitigados, establecer metas claras y compartidas para la iteración (buscando el compromiso de todos) y dar soporte al equipo de desarrollo para que alcancen las metas definidas.

Durante esta fase los gerentes y el equipo deben comprobar que se realiza una priorización del trabajo atribuido para la iteración. Además, todos deben estar de acuerdo con lo que será desarrollado en la iteración.

Un miembro del equipo puede asumir la responsabilidad por ítems de trabajo. Un miembro del equipo puede dividir un ítem de trabajo en tareas de desarrollo y estimar su esfuerzo (estimación más precisa y realista del tiempo que será consumido).

A medida que la iteración se va llevando a cabo, el equipo regularmente informa del trabajo que fue completado, del que esta siendo realizado, del próximo trabajo a ser realizado y los problemas que están bloqueando el progreso.

Esas informaciones pueden ser pasadas en una reunión diaria, rápida y objetiva, en la cual se puede discutir el estatus del trabajo, apuntar problemas y riesgos y proponer ajustes o correcciones para garantizar que los objetivos de la iteración sean alcanzados.

Durante la evaluación de la iteración, la clave para el éxito es la demostración que la funcionalidad planeada fue debidamente implementada. Si el final de la iteración coincide con el final de una fase, deben también ser observados los objetivos de la fase. Además, las lecciones aprendidas deben ser debidamente discutidas e incorporadas al proceso, para la mejora del mismo.

TAREAS A SER REALIZADAS

Planear la iteración

Planear el alcance y responsabilidades para una iteración dada. Los pasos a seguir son: priorizar la lista de ítems de trabajo; definir los objetivos de la iteración; consignar trabajo a la iteración; identificar los riesgos; definir un criterio de evaluación y refinar la definición y alcance del proyecto.

Gestionar la iteración

Evaluar el estatus del proyecto, identificando obstáculos y oportunidades, así como identificar y gestionar las excepciones, problemas y riesgos. Los pasos a seguir son: rastrear el progreso de la iteración; capturar y notificar el estatus del proyecto; gestionar excepciones y problemas; identificar y gestionar los riesgos y gestionar los objetivos.

Evaluar los resultados

Determinar el éxito o fallo de la iteración. Aplicar las lecciones aprendidas para modificar el proyecto y perfeccionar el proceso. Los pasos a llevar a cabo son: preparar la evaluación de la iteración; demostrar el valor y obtener feedback; realizar una retrospectiva; realizar una retrospectiva (fase final) y realizar una reunión de finalización del proyecto (ultima iteración).

REGISTRAR CORRECCIONES O CAMBIOS

Actividad que no forma parte del cronograma. La tarea de solicitar el cambio puede ocurrir durante el ciclo de vida en respuesta a la observación de un defecto, una mejora deseada o una solicitación de cambio.

TAREAS A SER REALIZADAS

Cualquier miembro del equipo puede ser responsable para registra una solicitud de cambio, las más comunes son por parte de los interesados (mejoras o cambios) y los probadores (relato de los defectos). Capturar y registrar peticiones de cambios. Los pasos a seguir son obtener informaciones sobre la solicitud del cambio y actualizar la lista de ítems de trabajo.

SCRUM

El SCRUM es un framework de gestión dentro del cual las personas pueden tratar y resolver problemas complejos y adaptables, al tiempo que productiva y creativamente pueden entregar productos con el más alto valor posible.

SCRUM no es un proyecto o una técnica para construir productos, en vez de eso, es un framework dentro del cual usted puede emplear varios procesos o técnicas. Se viene utilizando para la gestión y desarrollo de proyectos complejos desde comienzos del año 1990. Sus principales características son que es ligero, simple de comprender y extremadamente fácil de dominar.

Ciclo de Vida del SCRUM

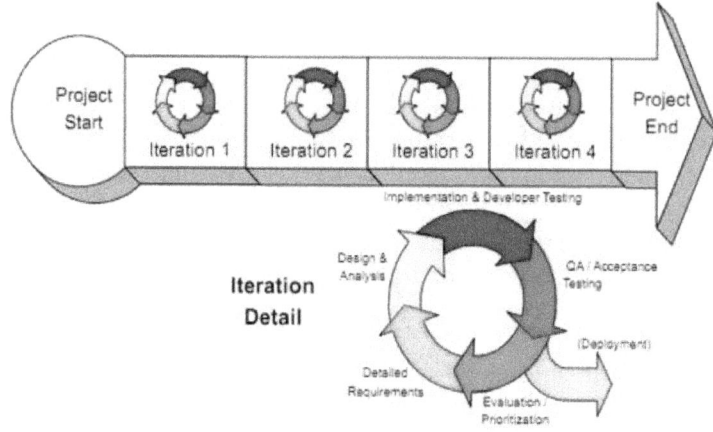

La estructura del framework consiste en los equipos del Scrum asociados a papeles, eventos, objetos y reglas. Cada componente dentro del framework sirve para un propósito específico y es esencial para el uso y éxito del Scrum.

Scrum se fundamenta en las teorías empíricas de control de proceso o empirismo. El empirismo afirma que el conocimiento viene de la experiencia y de la toma de decisiones basadas en lo que es conocido. Además, utiliza un abordaje iterativo e incremental para perfeccionar la previsión y el control de riesgos. Los pilares del Scrum son la transparencia, la inspección y la adaptación. En lo que se refiere a la transparencia, aspectos significativos del proceso deben estar visibles a los responsables de los resultados. Definir el estándar común para que los observadores compartan un mismo entendimiento de lo que está siendo visto. Por ejemplo: un lenguaje común para referirse al proyecto y una definición común de "listo".

En cuanto a la inspección, los objetos de Scrum deben ser inspeccionados y el progreso ser evaluado para detectar variaciones.

Ya en la adaptación, esta supone que, si un inspector determina que uno o más aspectos de un proceso se desviaron fuera de los límites aceptables, y que por ello el producto resultado será inaceptable, el proceso o material en producción debe ser ajustado.

¿COMO REALIZAR LA INSPECCIÓN Y LA ADAPTACIÓN?

Para ello es necesario realizar una reunión de planificación del Sprint, mantener reuniones diarias y de revisión del Sprint, así como una retrospectiva del mismo.

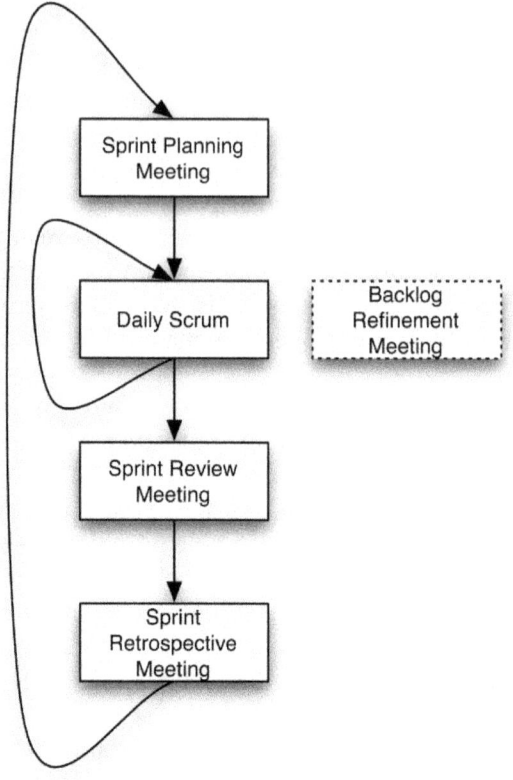

EL EQUIPO DEL SCRUM

Este está formado por el propietario del proyecto (product owner), el equipo de desarrollo y el Scrum Master. Los equipos son auto-organizables y multifuncionales. El modelo de equipo en el Scrum es proyectado para perfeccionar la flexibilidad, creatividad y productividad.

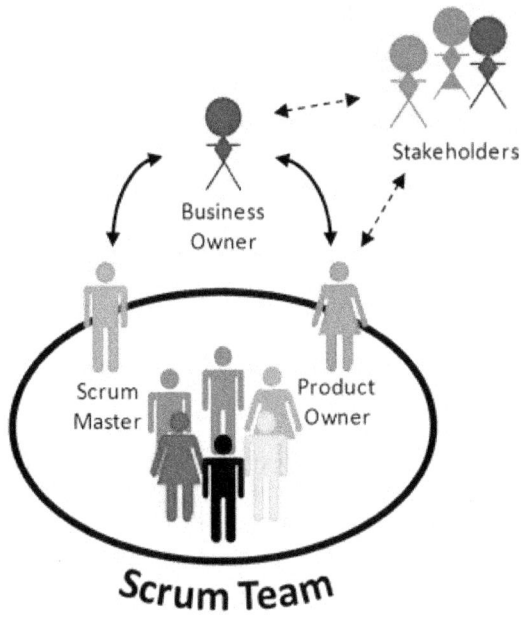

Scrum Team

El propietario del proyecto es el responsable de maximizar el valor del producto y del trabajo del equipo de desarrollo. Él es la única persona responsable de gestionar el backlog del producto.

Entre sus funciones están: expresar claramente los ítems del backlog del producto; ordenar los ítems del backlog para alcanzar mejor las metas y misiones; garantizar el valor del trabajo realizado por el equipo de desarrollo; garantizar que el backlog del producto sea visible, transparente, claro para todos y mostrar que el equipo va a trabajar a seguir, así como garantizar que el equipo de desarrollo entienda los ítems del backlog del producto en el nivel adecuado.

El equipo de desarrollo está formado por profesionales que realizan el trabajo de entregar una versión utilizable que potencialmente incrementa el producto "listo" al final de cada Sprint. Solamente los integrantes del equipo de desarrollo crean incrementos.

Entre sus características, el equipo de desarrollo es auto-organizado y multifuncional, contando con todas las habilidades en cuanto equipo para crear el incremento del producto. El Scrum no específica categorías para los integrantes del equipo que no sea la de desarrollador; la responsabilidad pertenece al equipo como un todo. Este no contiene sub-equipos.

El Scrum Master es el encargado de garantizar que el Scrum sea entendido y aplicado; garantizando que el equipo ponga en marcha la teoria, las prácticas y las reglas del Scrum. Él es el líder, trabajando tanto para el propietario del producto como para el equipo de desarrollo.

En cuanto a su relación con el propietario del producto, el Scrum Master trabaja para este encontrando técnicas para la gestión efectiva del backlog del producto, comunicando claramente la visión, objetivo e ítems del backlog al equipo de desarrollo. Él es el encargado de enseñar al equipo a crear ítems de backlog del producto de forma clara y concisa, comprendiendo a largo plazo el planteamiento del producto en el entorno empírico, así como comprender y practicar la agilidad y facilitar los eventos conforme son exigidos o necesarios.

En cuanto a su relación con el equipo de desarrollo, él es el encargado de formar al equipo en autogestión e interdisplina. Enseñar y liderar el equipo de desarrollo en la creación de productos de altos valor, eliminando obstáculos para el progreso y facilitar los eventos conforme son necesarios o exigidos. Además, es el encargado de formar el equipo de desarrollo en entornos organizacionales en los cuales el Scrum no es totalmente adoptado y comprendido.

SPRINT

El corazón del Scrum es el Sprint, un time-boxed de un mes o menos, durante el cual un "listo", versión incremental potencialmente utilizable del producto, es creada. Los Sprints tienen duraciones coherentes en todo el esfuerzo de desarrollo. Un nuevo Sprint se inicia después de la conclusión del anterior.

Los Sprins se componen de una reunión de planificación del Sprint, reuniones diarias, el trabajo de desarrollo, una revisión del Sprint y la retrospectiva del mismo. Durante el Sprint no son realizados cambios que puedan poner en peligro sus objetivos, las metas de calidad no disminuyen y el alcance puede ser clarificado y renegociado entre el propietario del producto y el equipo de desarrollo cuanto más se ha aprendido.

Un Sprint puede ser cancelado antes de concluya en time-boxed, siendo la única persona con autoridad para hacerlo el propietario del proyecto.

REUNIÓN DE PLANIFICACIÓN DEL SPRINT

El trabajo a ser realizado en el Sprint es planeado en la reunión de planteamiento del Sprint. Es un trabajo colaborativo de todo el equipo Scrum. Las respuestas a ser buscadas son lo que puede ser entregado como resultado del incremento del próximo Sprint o como el trabajo necesario para entregar el incremento será realizado.

REUNIÓN DIARIA

Es un evento de una duración de 15 minutos. El tiempo de desarrollo debe sincronizar las actividades y crear un plano para las próximas 24 horas. Debe inspeccionar el trabajo desde la última reunión diaria y prever el trabajo que deberá ser hecho antes de la próxima reunión diaria. Las cuestiones a responder son que hice ayer que ayudó al equipo de desarrollo a alcanzar la meta del Sprint, que haré hoy para ayudar al equipo de desarrollo, veo algún obstáculo que me impida a mi o al equipo de desarrollo alcanzar el objetivo del Sprint.

REVISIÓN DEL SPRINT

La revisión de Sprint es ejecutada al final del Sprint para inspeccionar el incremento y adaptar el backlog de producto si es necesario. Es una reunión informal, no una reunión de estado, y la presentación del incremento se destina a motivar y obtener comentarios y promover la colaboración.

Los participantes son el equipo Scrum y los interesados. El propietario del producto esclarece que ítems del backlog del producto están "listos" y cuáles no. El equipo de desarrollo discute lo que fue bien durante el Sprint y muestra el trabajo que está "listo". El propietario del proyecto discute el backlog del producto tal como está. El grupo al completo colabora sobre lo que hacer a continuación. El análisis de la línea del tiempo, presupuesto, potenciales capacidades y mercado para la próxima versión esperada del producto.

RETROSPECTIVA DEL SPRINT

Ocurre después de la revisión del Sprint y antes de la reunión de planeamiento del próximo Sprint. La duración del time-boxed es de unas tres horas para un Sprint de un mes. El Scrum Master participa en la reunión como un miembro auxiliar del equipo debido a su responsabilidad por el proceso Scrum.

La retrospectiva del Sprint es una oportunidad para el equipo de inspeccionarse a sí mismo y crear un plano para mejoras a ser aplicadas en la próxima Sprint.

ESTIMACIÓN CON PLANNING POKER

Planning Poker es una práctica de estimación de tareas. Es simple, divertida y muy eficiente. El product backlog ya contiene algunas historias (user store), llegada la hora de iniciarse el Sprint, pero aún resta estimar las historias, planeada la primera Sprint.

¿COMO FUNCIONA ESTA TÉCNICA DE ESTIMACIÓN?

Al revés de estimar las tareas en horas exactas se realizan estimaciones en puntos. Los puntos utilizados en el juego son parecidos a la secuencia del Fibonacci, es decir, el próximo número es la suma de los dos numeros anteriores: 0, 1, 2, 3, 5...

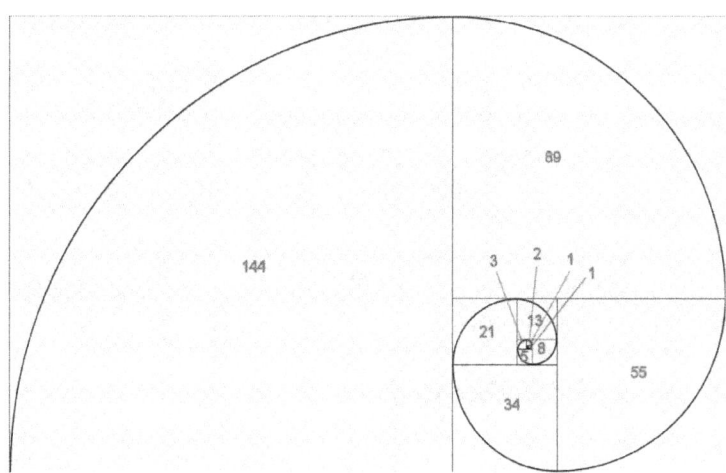

PUNTOS

Para simplificarlo es muy utilizada la secuencia siguiente: 0, 1, 2, 3, 5, 8, 13, 20, 40, 100. ¿Por qué números tan distantes entre si? Porque cuanto mayor una tarea, más difícil de prever con precisión cuantos puntos la misma la tendrá (y muchas menos horas).

VARIACIÓN DE LOS PUNTOS

Una estimación de 13 puede estar entre 8 y 21… por eso cuanto menores las tareas, mejor para ser estimadas y la variación de puntos es mejor administrada. Siempre es aconsejable llegar en el menor nivel de granularidad, evitando tareas muy grandes.

¿COMO SE APLICA LA TÉCNICA?

El equipo de proyecto se reúne con el responsable de las reglas de negocio y cada uno recibe las cartas del Planning Poker. Las funcionalidades/tareas presentadas una a una y las dudas del equipo son resueltas. Se atribuye peso 2 para la menor tarea para que esta sirva de comparación para las demás.

¿COMO ES LA TÉCNICA APLICADA?

Se inicia con una actividad (puede ser por orden de prioridad) y todos juegan la carta al mismo tiempo. La variación en las estimaciones es discutida. Al final el equipo llega a un consenso y define el peso de la tarea, partiendo para la estimación de las demás, hasta que todas estén estimadas.

El uso del Planning Poker refuerza fuertemente el concepto de colaboración y compromiso.

LECCIONES APRENDIDAS

Con el pasar de los Sprints el equipo multidisciplinar va aprendiendo y adaptándose al llegar a una velocidad que llamamos crucero para implementación de las funcionalidades. Las lecciones aprendidas son siempre base para estimaciones futuras una vez que cada persona antes de estimar puede comparar mentalmente esa nueva actividad con una anterior similar y tener un punto próximo a la realidad deseada.

Utilice los siguientes valores de punto: 0, 1/2, 1, 2, 3, 5, 8, 13, 20, 40, 100. De ese paquete seleccionaremos los siguientes puntos parea uso en la primera estimación: 2, 3, 5, 8, 13, 20, 40 y 100. Es decir, no trabajamos en el primer planning poker del proyecto con los puntos 0, 1 y ½.

La práctica nos muestra que a lo largo del desarrollo siempre habrá historias más simples que la estimada con dos puntos.

Para las historias en las que algún miembro del equipo no alcance la comprensión de lo que necesita para ser implementado, estas deberán ser puntuadas con un signo de interrogación, "?". Con la interrogación estamos informando que es preciso interactuar mas con el PO para que sea mejor explicado lo que debe ser implementado.

Definimos que el máximo punto de la escala (100) será utilizado para representar en el Product Backlog que la historia es en realidad un épico y necesita ser mejor trabajada por el PO, probablemente siendo dividida en historias menores, que cogeran en un Sprint.

ECLIPSE PROCESS FRAMEWORK

Eclipse Process Framework (EPF), es un proyecto open source de la Fundación Eclipse. Se inició en el año 2006 y tiene como objetivo promover un framework y herramientas para la edición, configuración y publicación de procesos de software y procesos modelo.

El EPF no es aplicable sólo al desarrollo Java en Eclipe orientado a la creación del proceso perfecto.

Los objetivos del EPF son proporcionar un framework personalizable para la ingeniería de procesos de software, aportando un framework extensible y un conjunto de herramientas "modelo" para la ingeniería de procesos y un contenido de proceso para un conjunto de procesos de desarrollo y gestión de software (soporte iterativo, ágil e incremental, que pueda ser extensible)

Herramienta del modelo: EPF Componer.

Ejemplo de proceso de Modelo: OpenUP

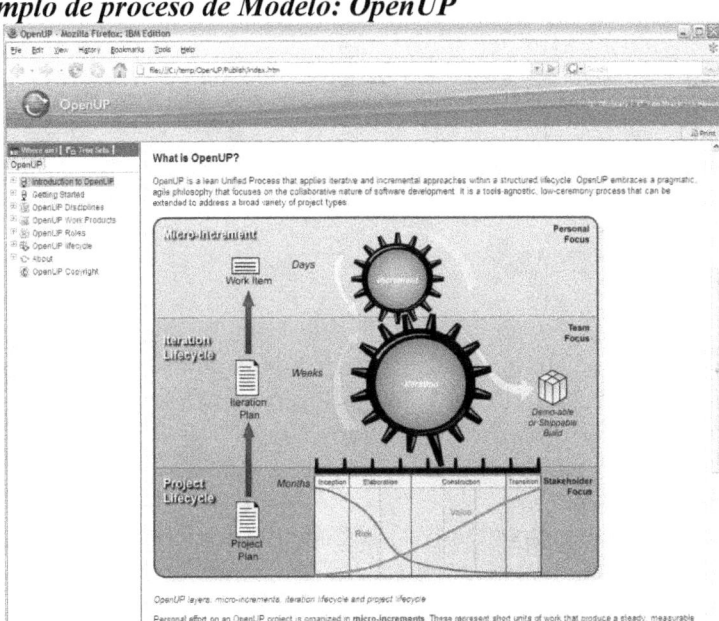

¿Quién se beneficia con el EPF?

En los proyectos individuales, se usan los procesos puestos a disposición por el EPF. En las empresas de desarrollo, la adopción de las "mejores prácticas", incorporar las lecciones aprendidas, estandarizar el lenguaje dentro de la organización y enderezar necesidades específicas. Académicamente, actuando en los papeles de "consumidor" y de responsable por traer el estado-del-arte en el desarrollo de software para la industria. A las empresas de tecnología, desarrollando herramientas adecuadas a los procesos EPF.

La representación de procesos EPF

El EPF almacena las informaciones de proceso en un modelo según el meta-modelo UMA (Unified Method Architecture).

El UMA fue desarrollado con base en el SPEM 1.0 e influyó en la creación del SPEM 2.0. Cualquier proceso puede ser representado a través de estos meta-modelos.

OPEN UP: PROCESO UNIFICADO ABIERTO

¿QUE ES EL OPENUP?

El OpenUp es un proceso de desarrollo de software unificado "fino" y de código abierto. Utiliza un abordaje iterativo e incremental en su ciclo de vida. Está representado por una familia de plugins del proceso unificado abierto – Eclipse Proccess Framework.

Por su parte OpenUp/Basic es una derivación simplificada del OpenUp destinada a equipos pequeños y centralizados

Principios del OpenUP

Entre sus objetivos se encuentran equilibrar las prioridades concurrentes para maximizar el valor para los stakeholders; colaborar para alinear intereses y compartir conocimiento; centrarse en la búsqueda de la arquitectura, facilitando la colaboración técnica, reducir el riesgo y minimizar la pérdida de trabajo, así como la repetición del mismo; trabajar continuamente para obtener feedback y mejoras, llevando a cabo interacciones cortas para anticipar el feedback.

A quién está dirigido

Principalmente, cuatro son los grupos primarios de usuarios del OpenUp:

- Profesionales de desarrollo de software (desarrolladores, gerentes de proyecto, analistas y testadores) que trabajan juntos como un equipo de proyecto.
- Stakeholders (los interesados)

- Ingenieros de proceso de software
- Instructores

CONCEPTOS BÁSICOS DE PROCESO

Los elementos del proceso están organizados en la web del proyecto (http://epf.eclipse.org/wikis/openup/) de la siguiente forma:

- Proceso-Delivery Process: utilizado para definir una estructura y un flujo de trabajo.
- Prácticas-Practices: prácticas a ser incorporadas al desarrollo.
- Papeles-Roles: quien ejecuta el trabajo.
- Productos de trabajo-Work products: resultados producidos por la ejecución de las tareas.
- Tareas-Tasks: acciones a ser ejecutadas.
- Guías-Guidance: templates, checklist, ejemplos, orientaciones, conceptos y así sucesivamente.

Conceptos básicos

Method library

Method Library- almacena un conjunto de elementos de método.
Method Plug-in- representa un conjunto de paquetes de métodos y procesos.
Method Configuration- un subconjunto lógico de la Method Library.
Delivery Process- un enfoque completo e integrado para la realización del tipo específico de proyecto.
Las bibliotecas de métodos contienen: method plug-ins, configuraciones. La biblioteca del OpenUP posee: tres method plug-ins (base_concepts, dsdm_openup, openup), dos delivery process (Openup_DSDM, openup_lifecycle) y dos configuraciones (OpenUP y OpenUPDSDM).

Method Content y process

Method Content (que, lo que, porque, como) - definición de papeles, tareas, productos de trabajo y sus relaciones.
Process (cuando) - secuencia de las fases, iteraciones, actividades y etapas, ciclo de vida del desarrollo. Define cuando realizar las tareas, diagrama de actividades y/o Word Breakdown Structures.

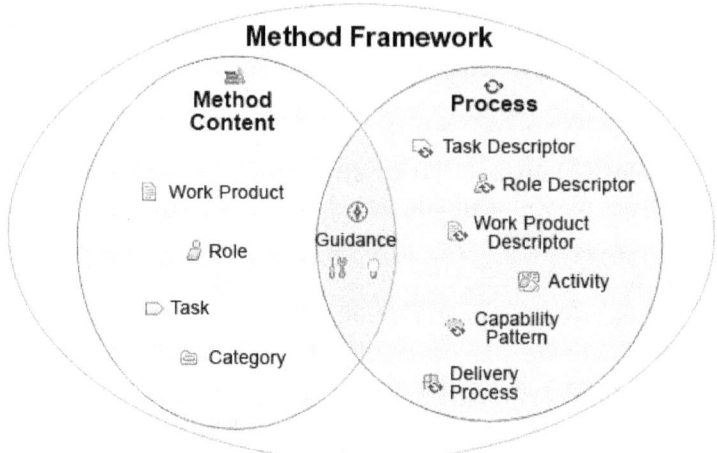

PAPEL-ROLES: define un conjunto de habilidades, competencias y responsabilidades relacionadas. No representa individuos, los cuales pueden desempeñar varios papeles. Los papeles realizan tareas y son responsables de productos de trabajo.

PRODUCTO DE TRABAJO: En la mayoría de los casos representan elementos tangibles usados, modificados y producidos por una tarea. Los papeles utilizan productos de trabajo para realizar tareas y producir/actualizar otros productos de trabajo. Son responsabilidades de un papel y pueden ser de tres tipos: Objetos (ítem de configuración gestionado), Entregable (solicitado por el cliente/stakeholder), Resultado (efecto intangible de una tarea, como por ejemplo un servidor o herramienta instalada).

TAREA: Define una unidad de trabajo a ser atribuida (generalmente con la duración de algunas horas). Son desempeñadas por papeles (primario y opcionales). Poseen un propósito claro y proporciona una descripción paso-a-paso del trabajo necesario para completar la tarea (alcanzar la meta) Modifica o produce productos de trabajo. No definen cuando las mismas deberán ser ejecutadas en el ciclo de vida.

DIRECTRICES: Las directrices pueden estas asociadas a un papel, tarea y productos de trabajo. Tipos diferentes para propósitos diferentes. Las directrices se utilizan para detallar la metodología y ofrecer informaciones de soporte, las tareas dicen lo que necesita ser hecho, las directrices detallan como hacerlo. Algunos tipos son: Report, Reusable Asset, Roadmap, Supporting Material, Template, Term Definition, Tool Mentor, Whitepaper, Checklist, Concept, Practice, Guideline, Considerations, etc.

CATEGORIAS: Utilizadas para agrupar elementos de método relacionados. Son cinco las categorías estándar: Discipline (agrupamiento de tareas), Domain (agrupamiento de productos de trabajo), Work Product Kind (similar a Domain), Role Set (agrupamiento de papeles) y Tool (agrupamiento de herramientas).
Las categorías pueden ser anidadas, además pueden ser definidas nuevas categorías. Los elementos son categorizados a través del editor de propiedades. Son usadas para crear visiones en el site web del proceso.

PROCESS CONTENT

ESTANDAR DE CAPACIDAD: Definen la secuencia de tareas relacionadas, realizadas en el intento de alcanzar un objetivo mayor. Las tareas pueden ser especializadas para un contexto dado. Pueden ser anidadas y visualizadas de forma gráfica. Una actividad es una instancia de un estándar de capacidad.

PROCESO DE ENTREGA: Definidos utilizando una Estructura de División de Trabajo (Work Breakdown Structure) y/o diagramas de actividades. Define el ciclo de vida completo para un proceso. Puede incluir iteraciones, fases, etapas (tipos de actividades).

VARIABILIDAD DE METODO: Mecanismo que permite la personalización del contenido del método sin modificar su contenido original. Similar al concepto de herencia, permite el reuso a través de la especialización. Por ejemplo, si un plugin B extiende de un plugin A, los elementos originales del plugin A permanecen intactos- todos los cambios son definidos por el plugin B. La variabilidad de contenido es útil por ejemplo para: cambiar la descripción de un papel ya existente, añadir pasos a una tarea ya existente y añadir orientaciones a una tarea ya existente.

Hay cuatro tipos de variabilidad de método:

- Contribute→añaden contenido a los elementos base.
- Extends→ heredan el contenido del elemento base y especializan algunos o todos (ambos son publicados).
- Replace→ sustituyen el elemento base (sólo el nuevo elemento es publicado).
- Extends-Replace→similar a Extends, pero el elemento base no es publicado.

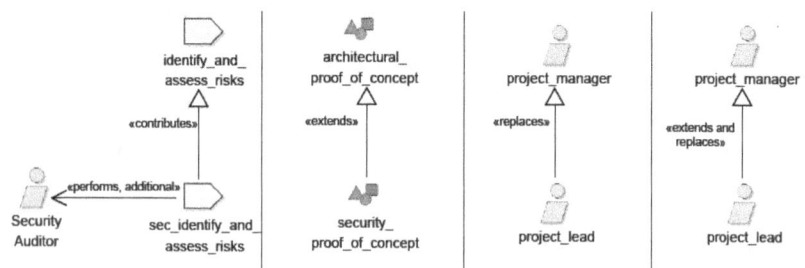

VARIABILIDAD DE PROCESO: Mecanismo de reuso similar a la variabilidad del método. Adicionalmente, actividades también pueden ser creadas a partir de dos estándares de capacidad de las siguientes formas:

- Extends→ la actividad hereda las propiedades de un estándar de capacidad. Actualizaciones en el estándar de capacidad son automáticamente reflejadas para la actividad.
- Copy→ la actividad es creada con base en el estándar de

capacidad, pero no permanecen sincronizados.

- Deep Copy→ similar a copy, pero más aplicado de forma recursiva para las actividades.
- Local Variability→cuando un estándar de capacidad es definido (por Extends o Copy) la variabilidad local puede ser realizada.

INTRODUCCIÓN AL EPF COMPOSER

El EPF Componer es desarrollado sobre la plataforma Eclipse, soporta varios plug-in del mismo y cuenta con visiones diferentes que presentan informaciones específicas (por ejemplo, la visión Library presenta los plug-ins y sus contenidos).

Las perspectivas agrupan visiones relacionadas. Las perspectivas estándar son: Authoring (propia para la edición de contenidos de método) y Browsing (para visualizar una vista previa de los elementos del método y proceso).

Perpectiva Authoring

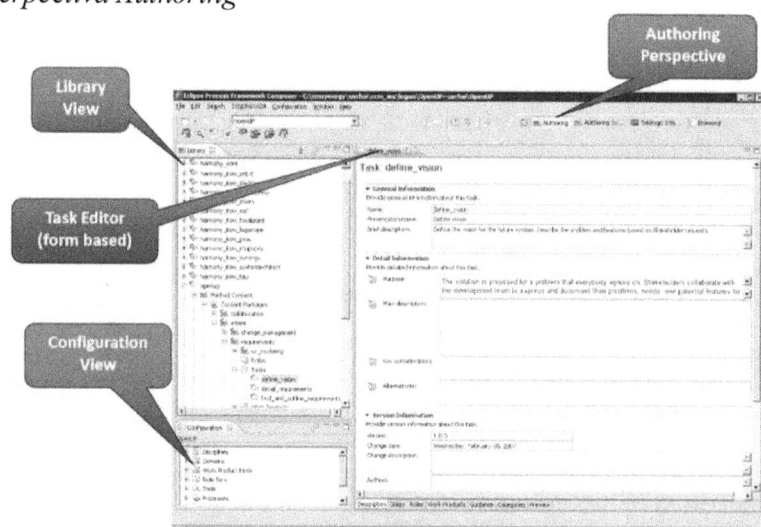

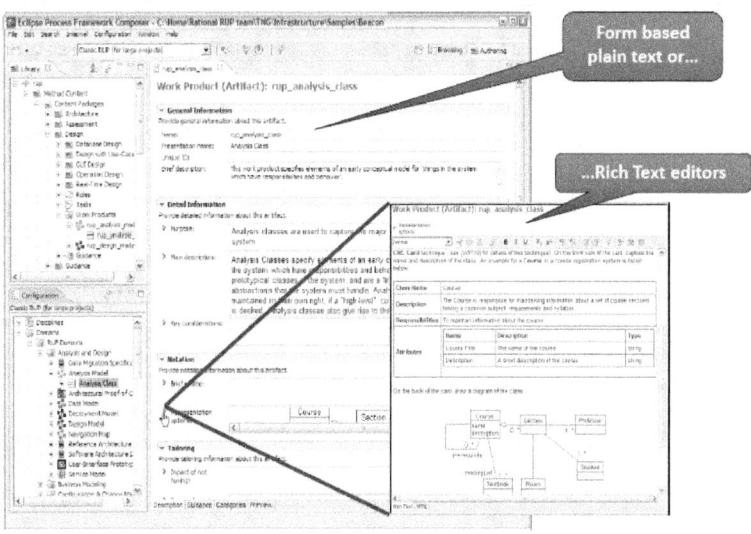

Perspectiva Browsing

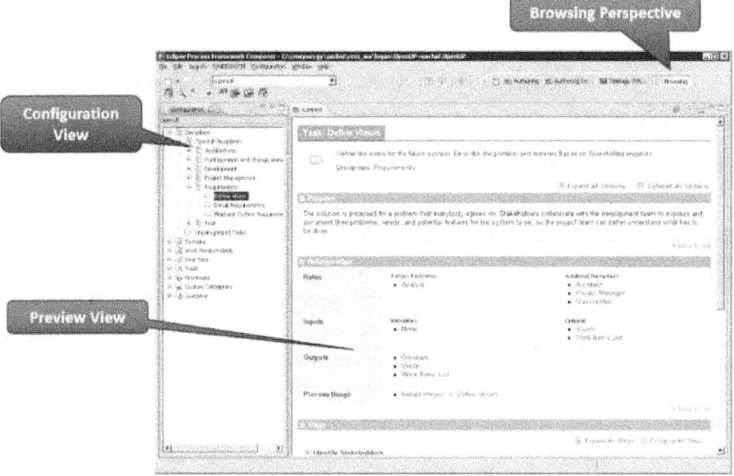

CONFIGURACIÓN: Selección de un subconjunto de la biblioteca de método para ser publicado en HTML o exportado a MS Project o XML.

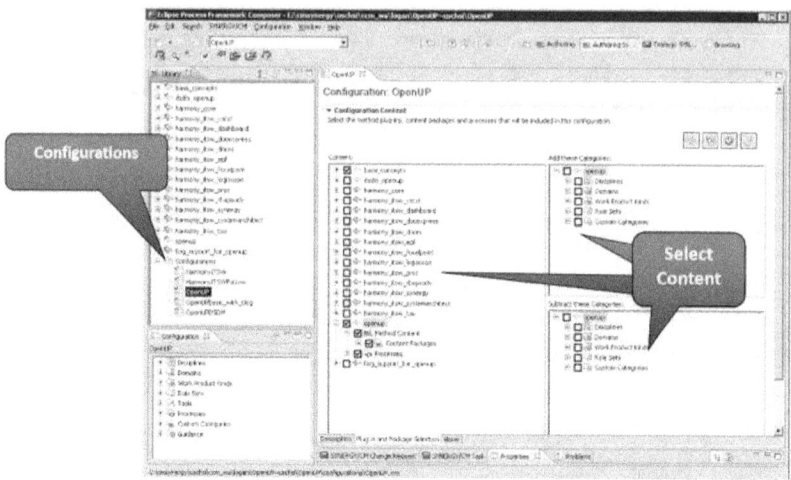

Definición de las visiones

Las categorías agrupan elementos relacionados y visiones definidas por la selección de categorías.

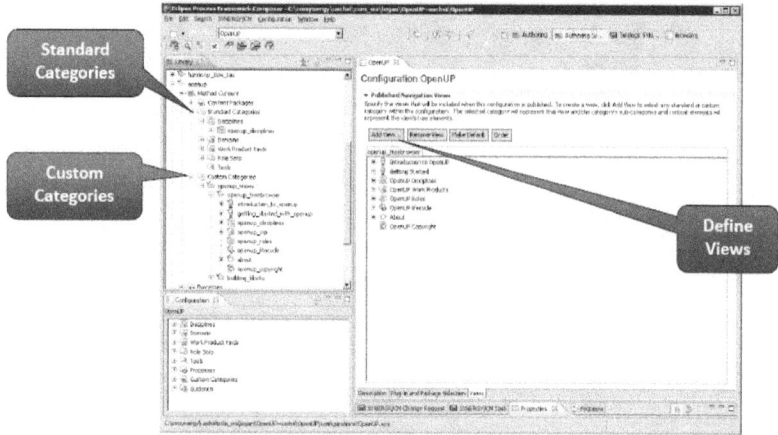

CREACIÓN DE UN PLUG IN

Para crear un plug in deberemos clicar con el botón derecho sobre un componente existente en la biblioteca.

A continuación, seleccionaremos "New Method Plug-in" y definiremos el nombre (en minúsculas y sin espacios), junto con la descripción y autor (ambos opcionales) y los plug-ins referenciados.

La casilla de "Referenced Plug-ins" define la visibilidad de otros plug-ins.

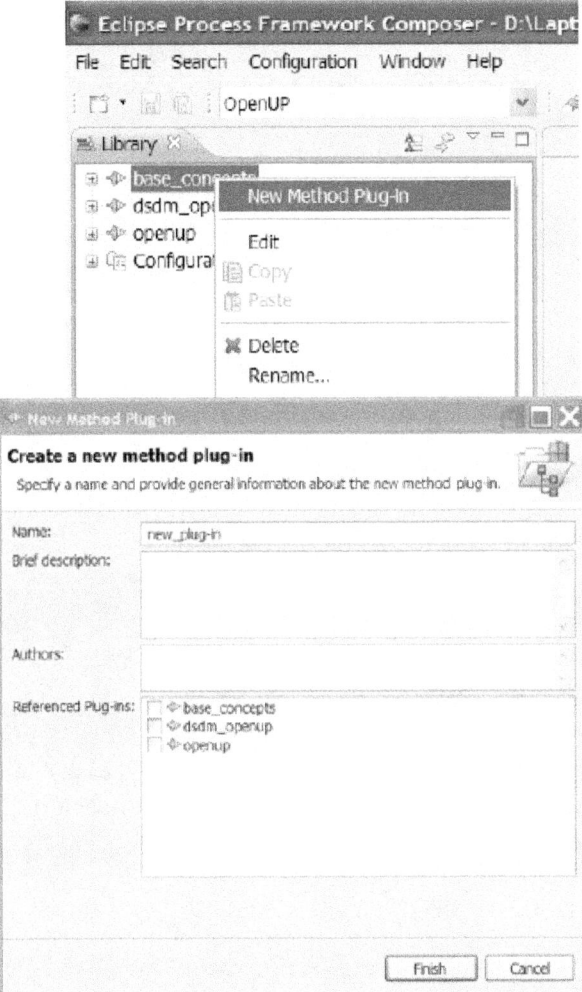

CREAR UN METHOD CONTENT PACKAGE

Para ello haremos clic con el botón derecho sobre "Content Packages" y seleccionamos "New Content Package ".
El nuevo paquete es creado y este es abierto en el editor.

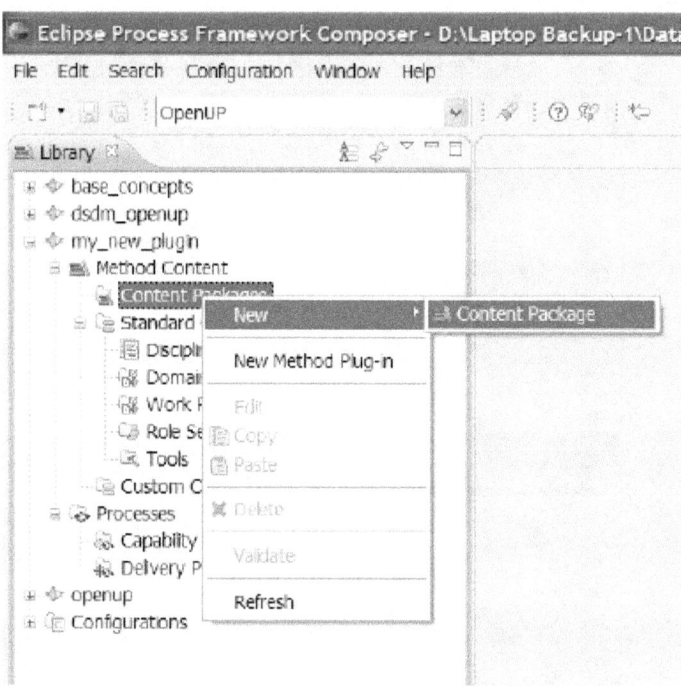

CREAR UNA TAREA

Clicaremos con el botón derecho sobre "Tasks" en el paquete de contenidos deseado, seleccionamos a continuación "New Task".
La nueva tarea es creada y abierta en el editor.

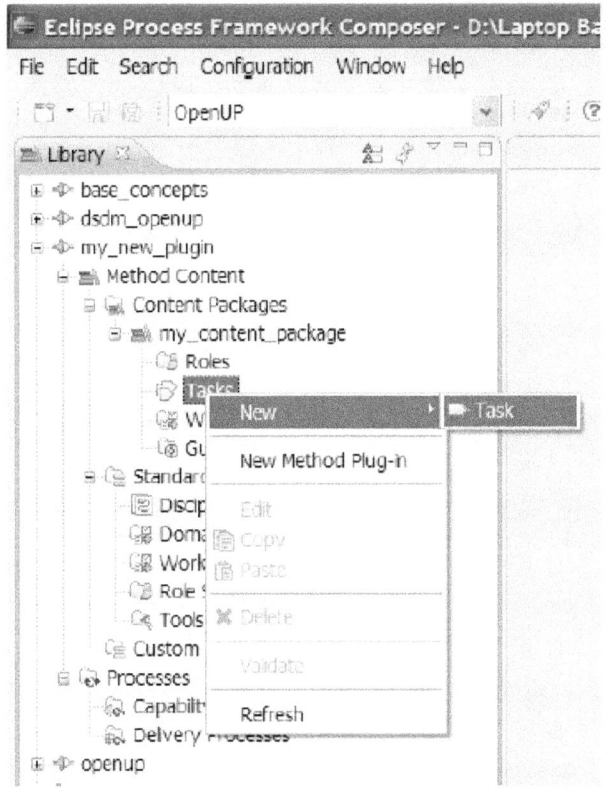

El editor de tareas posee una serie de pestañas: Description (definir una visión general de la tarea), Steps (definir una visión general de la tarea), Roles (definir los responsables de la tarea), Work Products (definir objetos de "entradas" y "salidas"), Guidance (asociar elementos de orientación a la tarea), Categories (categorizar la tarea) y Preview (ver el resultado final). Algunos campos poseen la capacidad de una edición con más recursos (Ritch Text Editing).

CREAR UN DELIVERY PROCESS

Haremos clic con el botón derecho sobre "Delivery Process", seleccionamos "New Delivery Process". Definimos un nombre (en minúsculas y sin espacios) y la configuración por defecto.

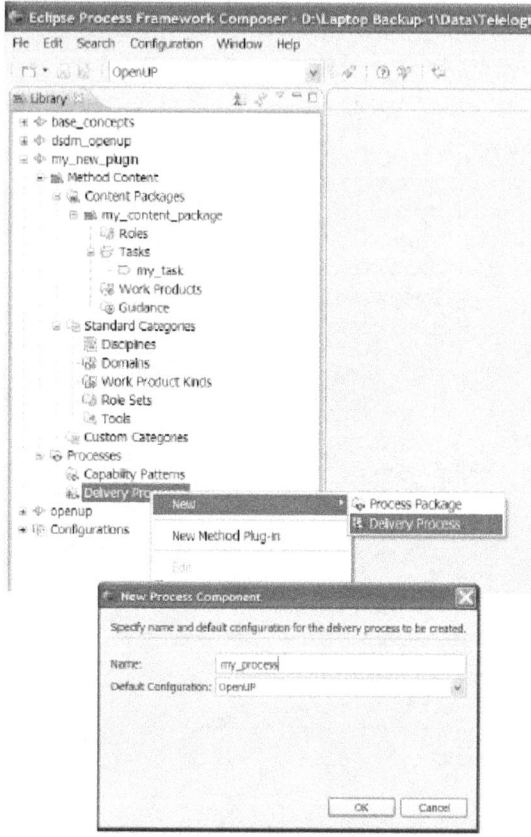

El editor permite la alteración y/o actualización del contenido. El editor del Delivery Process posee una serie de pestañas: Description (definir atributos generales del proceso), WBS (Definir actividades y sus relaciones), Team Allocation (visualizar y editar papeles), Work Productos Usage (visualizar y editar productos de trabajo) y Consolidated View (visión consolidada – rellenada automáticamente).

Al añadir un estándar de capacidad al delivery process es posible:

- Extend→ mantendrá un link al CP, que en caso de ser actualizado, el cambio se reflejará en el delivery process.
- Copy→ creará una copia local del CP, el cual estará ligado

al CP original.

- Deep Copy → similar al copy, pero es aplicado recursivamente a lso sub-CPs.

La más común es Extend.

PUBLICACIÓN

Iremos a "Configuration | Publish" para iniciar el asistente de publicación.

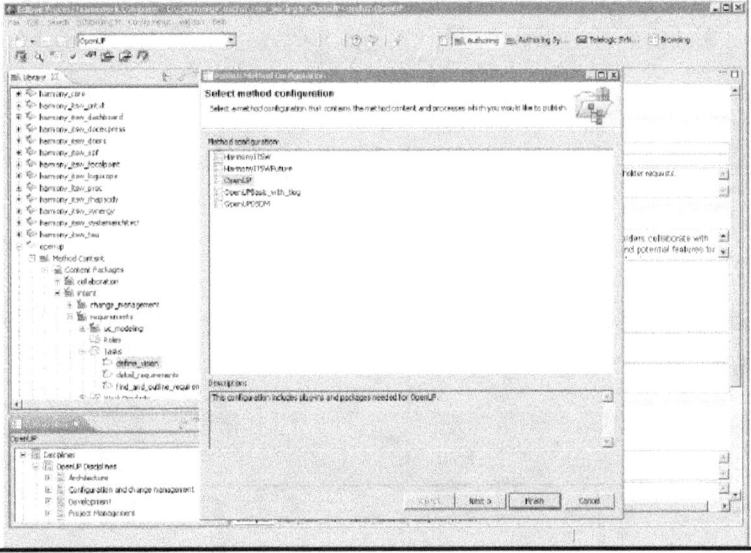

IMPORTACIÓN

"File | Import" para iniciar el asistente de importación. Puede ser importado una configuración, un plug-in o XML.

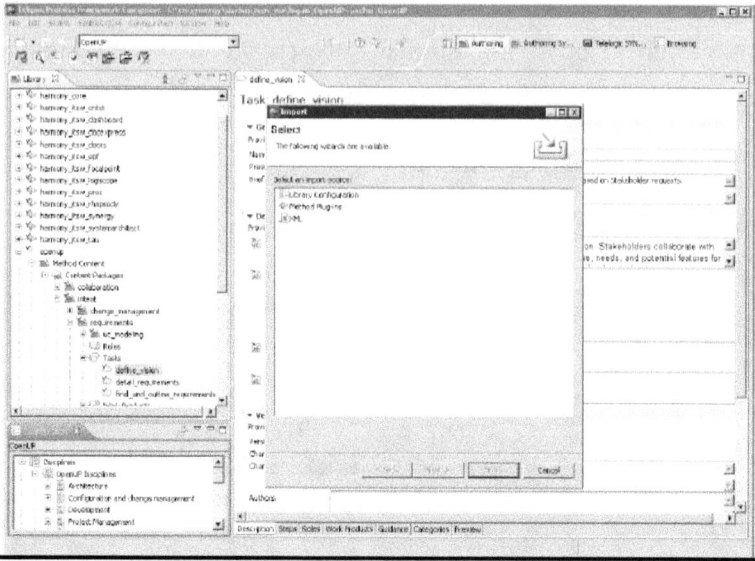

EXPORTACIÓN

Pulsaremos "File | Export" para iniciar el asistente de exportación. Se puede exportar una configuración, un plug-in, XML o un template MS Project.

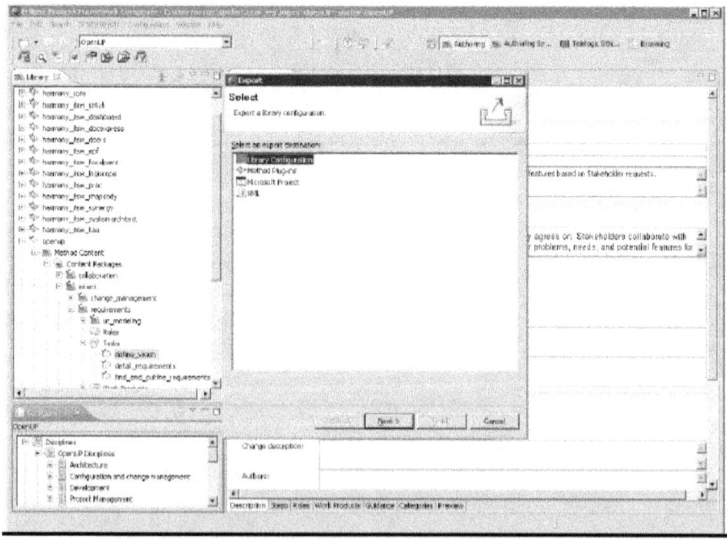

EL CICLO DE DESARROLLO ÁGIL

El Extreme Programming es una metodología ágil defendida por Kent Beck, Ron Jeffries, Ward Cunningham entre otros y se compone de un conjunto de valores y prácticas importantes que forman un método para el desarrollo de software. Incluso siendo un conjunto de prácticas que están en camino desde mediados de los 90s, muchos equipos y empresas buscan entender el desarrollo del software desde la perspectiva de la gestión y no de las prácticas de ingeniería.

El Extreme Programming (XP) se ve con cierta polémica en el mercado, sin embargo, desde el comienzo de la metodología Scrum en el año 2007 ha sido ampliamente difundido y adoptado por numerosos equipos de desarrollo. El objetivo es demostrar que, dado que las prácticas ágiles de gestión de proyectos (como el Scrum) debe ir acompañada de prácticas ágiles de ingeniería de software, tales como XP. El beneficio de la adopción del método ágil dentro de día a día de los equipos de desarrollo, la participación en todo el trabajo de desarrollo de software, ha sido eclipsado por las prácticas de gestión, pero una cosa no excluye a la otra.

Aunque el Manifiesto Ágil se publicó en 2001, las metodologías ágiles ya estaban en pleno desarrollo en los años 90 con, por ejemplo, Ken Schwaber, uno de los autores del Manifiesto, que afirma que mientras desarrollaron las prácticas de gestión de proyectos de Scrum con Jeff Sutherland, Kent Beck y Ron Jeffries trabajaron para mejorar las prácticas de ingeniería con XP. Un rápido análisis a ambos métodos nos muestra que ambas metodologías tienen mucho en común, pero una no es exclusiva de la otra. El Scrum no es todo lo que se necesitan para ser más productivos y reducir los gastos innecesarios, sino que las prácticas de ingeniería ágiles pueden ser mucho más importantes que las prácticas de gestión, ya que el software no puede existir sin la parte técnica. El código siempre debe existir en un proyecto de software. A nosotros no sólo nos van a pagar para hacer planes, con lo que Scrum junto con XP puede ser un framework de proceso interesante, adaptándose y evolucionando su organización en un proceso de mejora continua.

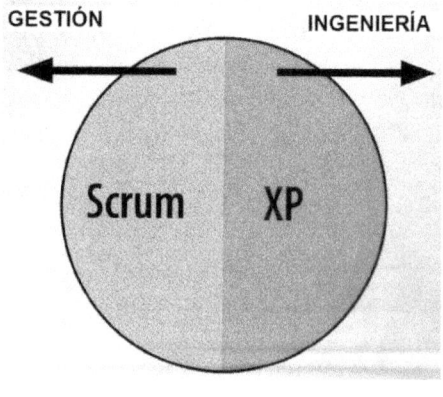

Scrum y XP

¿CUÁLES SON LOS CICLOS ÁGILES?

Cada proyecto comienza en la concepción, cuando se establece una línea de construcción de software, que contiene los requisitos de alto nivel ordenados por importancia para el negocio del cliente. Al tener esta lista en la mano, podemos dividir iteraciones y realizar la planificación general del proyecto en términos de lanzamiento como un todo, y sus iteraciones. Este es el alcance del framework Scrum.

Sin embargo, la gestión de proyectos ágiles, o más bien, los términos que establecen la ruta para que caminemos en la dirección correcta y con el alcance, coste y tiempo, pero no dice exactamente lo que sucede dentro del equipo de trabajo, ni cómo se construye el software. Para entender el día a día del equipo, tenemos que entender los ciclos ágiles del desarrollo de software.

Planning Diario

Planteamiento de Interacción

PLANTEAMIENTO DEL PROYECTO

Ciclos ágiles

La imagen de arriba muestra que el proceso de desarrollo de software es cíclico y suceden en "ondas". Este proceso no es uniforme ni lineal gradual ni secuencial. Otra característica importante, desde la planificación más macro, es cómo dividir las iteraciones, incluso el simple hecho del micro-incremento de código pasan por el ciclo de inspección-adaptación.

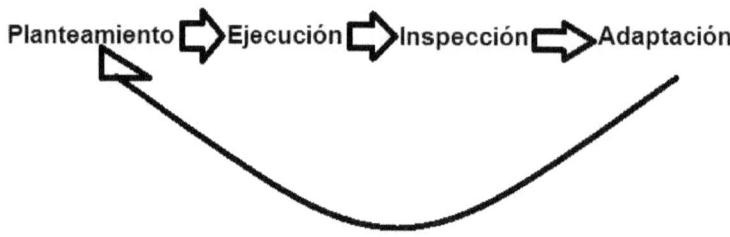

Patrón de ciclos ágiles

¿QUÉ ES EL CICLO ÁGIL DE UN DÍA?

Durante un único día de trabajo tenemos algunos instantes cuando utilizamos prácticas gestión (la reunión en pie del XP o el encuentro diario del Scrum Esta reunión es un punto de sincronización del estatus del proyecto (es una inspección en el ciclo de la iteración). El Scrum sugiere que esa reunión tome el tiempo máximo día de trabajo de un equipo ágil, fuera de esos pocos minutos preocupados con la gestión, el equipo trabaja en el sentido de hacer incrementos de software funcionar de manera "atómica", eso es, un pequeño requisito es capturado y rapi software funcionando. En tratándose de repedazo de software puede solucionar un problema del negocio, una necesidad de un usuario específico o una pequeña tarea dentro del sistema.

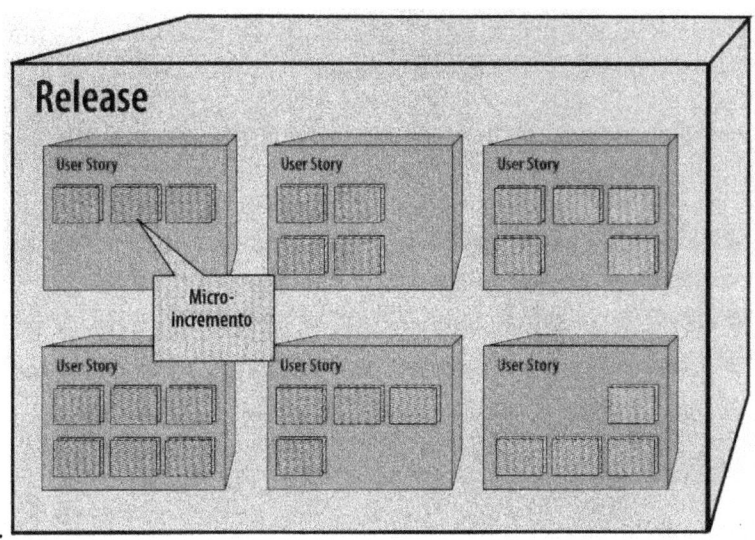

Incrementos de software en producción

Observe la imagen de arriba, esa imagen muestra que dentro de la planificación de una iteración tenemos necesidades de un usuario específico, o historia del usuario y esas necesidades se forman con micro-funcionalidades que nos interesan a los usuarios, y que son importantes para desarrollo diario del equipo. La necesidad de un usuario específico puede ser manifestada por medio de una tarjeta de historia del usuario o historia del usuario del XP.

Una historia de usuario no es un documento de requisitos, sino que más bien más que una historia es la manifestación de un interés del usuario del sistema. La historia implementa es un recordatorio sobre aquella funcionalidad que se desea y que más tarde deberá hablar con el cliente acerca de aquel asunto. Cuando surge una historia no tenemos la profundidad de los requisitos y aún no sabemos si de hecho la historia será realmente desarrollada. Sin embargo, si la historia forma parte de la iteración actual, en determinado momento algún desarrollador necesitará hablar con un usuario para obtener una mayor profundidad sobre aquel requisito.

El ciclo ágil de un día no es más que implementar los micro-incrementos hasta conseguir que al menos una historia del usuario se haga funcional. Para lograr esto en la mayoría de las veces necesitaremos llevara a cabo las tareas listadas a continuación:

- Muchas charlas con los usuarios y las partes interesadas en el sistema;
- Cualquier tipo de modelado;
- Documentación sobre los criterios de aceptación, preferentemente de manera ejecutable;
- Una simple aplicación con la funcionalidad suficiente que cumplir con las expectativas de los usuarios;
- Muchas refactorings;
- Muchas integraciones continuas;
- La aceptación del usuario.

Estas tareas no necesariamente se producen en este orden. Las mejoras obtenidas a través de la conversación con los usuarios y con las partes interesadas pueden suceder durante todo el tiempo del desarrollo. A decir verdad, la práctica de "Cliente Presente" de XP es esencial para un equipo ágil. Un equipo ágil no tiene que completar los requisitos ni detallarlos para comenzar la aplicación. Estas micro-tareas se producen a la demanda, a menudo bajo el sentimiento de necesidad del mismo desarrollador. Es importante que el desarrollador tenga acceso directo a las personales que le pueden dar respuestas. Esta apertura debe tanto desde la parte del equipo técnico como en el lado de los usuarios o clientes. La mayor deshonestidad que puede ocurrir dentro del ciclo ágil de un día es el "Administrador Proxy", eso es tener una persona que esté "filtrando" lo que el equipo puede pasar al cliente y lo que el cliente puede pasar al equipo. La honestidad en relación a las expectativas y los riesgos son también prácticas ágiles.

"EL ANTI-PATRÓN": CASOS DE USO - UML - CODIFICACIÓN -PRUEBAS

Una característica que marca el ciclo ágil de un día es que este no necesita ser gestionado en el nivel macro, esto quiere decir que este no puede ser tomado como base para la marcha del proyecto como uno todo. Solamente con cuando el software esté funcionando y los usuarios estén felices usted podrá decir que el proyecto empezó a andar. Este ciclo ocurre de manera muy rápida y quien gestiona es el propio desarrollador. Esa responsabilidad es una cultura auto-organizable que forma parte del núcleo de la gestión ágil. Los gerentes de proyecto y los coordinadores no deben interferir en el trabajo que es responsabilidad técnica de los desarrolladores. Los puntos que veremos en este capítulo son esencialmente una constante en las prácticas ágiles de las metodologías XP y TDD. Desafortunadamente estas prácticas no las suelen adoptar la mayoría de los equipos de desarrollo. Un patrón muy común en los equipos son las prácticas Unified Process (RUP) que siguen un "formato de casos de uso - UML - Codificación - Test ", siguiendo básicamente un proceso en cascada a una escala más pequeño. Este modelo implica que los requisitos son los casos de uso, por lo general en documentos de Word, el diseño o la arquitectura se realiza con el modelo UML, que es la abstracción intermedia, el código es algo que simplemente entiende la computadora, y en última instancia, se aplican las pruebas basadas en los casos de uso.

Esta puede ser una manera para que pueda implementar la funcionalidad específica de un usuario con cierto éxito, sin embargo, este tipo de desarrollo ni debe ser secuencial y ni un estándar para todas las funcionalidades y ni para todos los proyectos. Si la funcionalidad es simple y la expectativa del usuario es clara, los casos de uso y el modelado UML pueden ser documentos desechados. Sin embargo, hay otras maneras que usted pueda lograr este mismo objetivo, el RUP en sí no usa este tipo de práctica.

Este anti-patrón también causa una técnica ciega. El hecho de ser siempre los casos de uso, UML, el código y las pruebas en cascada lleva al equipo a creer que todos los requisitos se encuentran en casos de uso, que tienen que modelar y codificar todo y que es un proceso de poca actividad creativa, así como las pruebas. Sin embargo, si nos encontramos con que estadísticamente sólo tenemos un tercio de los requisitos en Casos de Uso, que tenemos que modelar sólo lo que necesariamente tiene que ser modelado y todo el proceso de desarrollo de software es una actividad creativa, por lo que finalmente podemos sacar la conclusión de que este patrón es muy cuestionable y costoso.

Puede utilizar los casos de uso para recopilar los requisitos y utilizar el lenguaje de modelado UML para analizar un problema. El principal problema de este patrón está en no hablar más con los usuarios después de que el caso de uso se ha escrito, robando de manera soterrada la comunicación entre el equipo técnico y el cliente durante el desarrollo, ya que los refinamientos suceden todo el tiempo. El equipo necesita tener contacto con el cliente durante todo el desarrollo para poder resolver así sus dudas de una manera más efectiva y eficaz. Esto es debido a que es muy común que surjan nuevos requisitos durante la codificación que no se han recogido durante las charlas anteriores con los clientes. Los requisitos recopilados, modelados, codificados y probados no suelen ser lo que el cliente realmente quería, ya que las herramientas como los casos de uso y modelos UML son propensos a tener muchas imperfecciones.

Veo que el defecto "Caso de Uso - UML - Codificación - Pruebas" es una mala influencia para el proceso de cascada, ya que al parecer es una muy mala práctica para desarrollar software. Este pensamiento secuencial es aún más perjudicial cuando tratamos de encajar este patrón dentro de la división y de la especialización del trabajo del taylorismo, común en el software factory. En este escenario, un analista de negocios escribe casos de Uso, un analista de sistemas realiza el modelado, un programador que codifique y un probador que realice las diversas pruebas. Este equipo a menudo utiliza para comunicarse herramientas como el diagrama de Gantt.

La base de la división del trabajo es que es posible romper un proceso particular en partes más pequeñas y manejables, y si cada parte está optimizada, el proceso en su conjunto será optimizado. La especialización dice que determinado recurso efectuando una tarea varias veces se hace óptimo para esta tarea. La cuestión es que en el desarrollo de software no siempre la suma de casos de uso + UML + código + pruebas crea algo agradable para el usuario si este no se ha involucrado en todo el ciclo. Esto nos demuestra que estos pasos no son del todo medibles.

Además, un analista de negocios no será mejor si escribe muchos casos de uso, lo mismo sucede con un analista programador o de sistemas. El desarrollo de software no es un proceso mecánico. Todas las metodologías actuales hablan sobre un trabajo colectivo, en constante comunicación, con relaciones y sobre todo con una visión integral del proyecto, es decir del todo, no de las partes. Aferrarse a las funciones y responsabilidades de una manera rígida es malo en cualquier aspecto de un equipo que desarrolla software.

TEST-DRIVEN DEVELOPMENT (TDD)

A continuación, vamos a ver algunos conceptos importantes para este conjunto de prácticas presentes en la caja de herramientas de prácticamente todos los desarrolladores de metodologías ágiles. El Test-Driven Development no está basado en pruebas, aunque intrínsecamente esté relacionada con eso. El Test-Driven Development es más o menos lo que el desarrollador hace durante todo el día, como los requisitos de captura, el diseño, la implementación y lógicamente las pruebas.

Todo el fundamento de las prácticas ágiles se basa en la retroalimentación, como vemos en la imagen de "incrementos de software en producción", cuando desarrollamos una historia de usuario, tenemos un conjunto de micro-estructuras que componen esa funcionalidad. El pequeño ciclo que implica la construcción de un micro-incremento no está libre del mecanismo de retroalimentación. En TDD, esto se hace a través del ciclo ROJO - VERDE - REFACTOR.

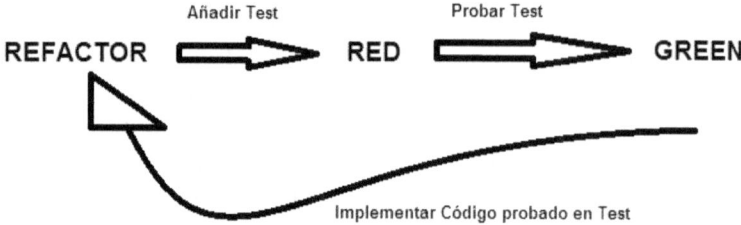

Ciclo TDD

Básicamente, la filosofía de TDD es: usted no puede controlar lo que no se puede medir. Necesitamos parámetros muy claros en cuanto a si una historia es implementada con éxito o si un componente particular funciona correctamente y sin efectos secundarios. Además, esta información debe ser rápida. Vamos a ver esto en la práctica.

LA IMPLEMENTACIÓN DE LA HISTORIA DE USUARIO

Tenemos una historia para aplicar y, por lo tanto, tenemos la necesidad de recaudar más información al respecto y tener claros los criterios de aceptación con el usuario. El primer punto es para que el ciclo TDD obtenga los criterios que son necesarios. Tenemos que obtener primero las pruebas de aceptación con el cliente antes de implementar cualquier funcionalidad. Hablando con Patricia, una de los futuros usuarios de la aplicación en la charla, ella dijo:

"Bueno, esta funcionalidad implica relacionar un horario en la oficina una tarea y el supervisor. Con esto ya tenemos el plan de trabajo de la oficina". Esto es muy vago. Ella prácticamente sólo habla de la funcionalidad de los datos. Podríamos preguntarnos ¿cuáles son los problemas comunes que existen cuando esta rejilla es ensamblada?, entonces la usuaria recuerda:

- "Ah Lógico Bueno, un supervisor no puede realizar dos tareas al mismo tiempo y una tarea no la pueden realizar dos supervisores simultáneamente".

El equipo de desarrollo ya tiene los requisitos con los detalles más claros, sin embargo, estos requisitos deben de ser acompañados por criterios de aceptación muy específicos. Tenemos que tener una base sólida para que Patricia tenga la confianza de que vamos a ofrecerle exactamente lo que ella esperaba. Podemos modelar esto de la siguiente manera:

Prueba 1 Un supervisor no puede realizar en dos tareas al mismo tiempo.

Supervisor	Tarea	Horario	Resultado
Manuel Rodríguez	Verificar Contabilidad	10:00	Éxito
Manuel Rodríguez	Verificar Inventario	10:00	No Realizado

Prueba 2 Una Tarea no puede ser realizada por dos supervisores simultáneamente.

Supervisor	Tarea	Horario	Resultado
Ricardo García	Verificar Inventario	10:00	Éxito
Manuel Rodríguez	Verificar Inventario	10:00	No Realizado

Podemos afirmar que cada línea de esas tablas es un micro-incremento de la historia. Al terminando todos, tenemos un parámetro medible para decir que la historia terminó. Vamos a escribir ahora un pequeño código para convertir esos requisitos en ejecutables y obtener el primer paso del ciclo TDD: RED. Vamos a utilizar el TestNG, pero puede ser cualquiera otro framework de pruebas. Veamos el siguiente ejemplo:

```
PruebaTablaPlan {public class

Prueba

public void unSupervisorSoloUnaTarea () throws

Excepction {

...

// se registra a Manuel Rodriguez verificando la contabilidad a las
10h.

SupervisorTareaElemento GCII SupervisorTareaElemento = new ();

gcii.setSupervisor (RodriguezManuel);

gcii.setTarea (verificar contabilidad);

gcii.setHorario (diezhorasdelamananha);

SupervisorTareaElementoRepository.save (GCII);

}

}
```

Este nombre tan grande en el método es muy común. De hecho, colocamos frases en los nombres de métodos de las clases de prueba para dejar clara la intención de la prueba.

Una dificultad muy común para quien quiera que adopte el TDD es comprender los "pasos de bebé". Cuando Kent Beck dice "baby-steps" este transmite que la idea de la TDD es crear el código orgánicamente de modo que cada paso de la codificación pueda ser verificado como válido. La primera tarea de la TDD es añadir una prueba que provoque un error. E manifestar una necesidad de implementación. Cuando escribimos el código anterior, este podría ser la primera clase del proyecto. Este código está RED, pues ni aún compila con la falta de esas clases.

El siguiente paso es, entonces, para obtener el VERDE rápidamente. Este paso es ejecutar el código de prueba y no ejecutar el código que están funcionando, incluso brevemente rápidamente, segundos. Lo primero que tenemos que hacer es crear las clases y métodos. Con esto, tenemos un código que compila y que en ese escenario el framework de prueba dice que funciona (GREEN), incluso cometiendo errores muy graves como en el siguiente código que veremos más abajo.

El paso de "ejecutar el código de prueba" es confuso para la mayoría de los programadores, incluso para los que tienen mayor experiencia.

"Por qué tengo que tener el GREEN rápidamente insertando código erróneo o no funcional?" dicen estos.

El primer motivo es que nuestra implementación debe estar basada solamente en los requisitos actuales, y los requisitos actuales del código anterior nos dicen que debe existir un método en el **SupervisorTareaElementoRepository** que guarde los elementos de las tareas. Lo que este código quiere decir es que simplemente la operación debe existir. Pero para el conjunto de pruebas que tenemos actualmente, usted cree que no existe la necesidad de consultar lo que fue guardado.

Simplemente aún no tenemos ese requisito. Así siendo, para los requisitos actuales, el código es válido. Tal vez, para demostrar esa intención, podríamos volver al inicio en este punto y añadir una prueba que consulte lo que acaba de ser guardado, comenzando un nuevo ciclo TDD. Es importante que su código refleje solamente los requisitos reales que existen, ni más ni menos. Eso deja su código más limpio, más fácil y consecuentemente con un mejor diseño.

El otro motivo para obtener el GREEN rápidamente es que en este paso lo que probamos es la propia clase de la prueba. Tener el GREEN significa que la clase de prueba es válida, aunque el código de la aplicación aún no lo esté. Con la confianza de que el código de prueba funciona con la implementación más simple posible, podemos entonces implementar el código funcional con la certeza de que si hagamos alguna bestialidad la prueba va a fallar.

El siguiente paso es refactorizar la aplicación del código funcional, el código que dejará a Patricia contenta. Este caso es bastante simple: trabajamos con JPA, simplemente tiene que escribir el código siguiente guardar en efecto el **SupervisorTareaElemento** en el **EntityManager.** Cuando hablamos de elementos de la infraestructura tenemos que saber que muchos de estos no funcionarán de manera aislada. Cuando llegamos al paso de refactorización, se utilizan a menudo Mock Objetos para simular el comportamiento esperado sin necesitar de una infraestructura más pesada para ejecutar las pruebas. Es obligatorio que las pruebas se ejecuten rápidamente porque usando el TDD usted podrá ejecutarlos cientos de veces al día. Veamos el siguiente código:

public class implementa SupervisorTareaElementoDA0

{ SupervisorTareaElementoRepository

@ Override public void guardar (ejemplo SupervisorTareaElemento) {

// No hace nada

}

}

Repetimos el ciclo añadiendo más cosas en la clase de prueba para completarlo. Veamos el siguiente código:

PruebaTablaPlan {public class

Test (ExpectedExceptions DomainException.class =)

public void unSupervisorSoloUnaTarea () throws

Excepction {

...

// registra a Manuel Rodríguez Verificando la contabilidad a las 10 horas

SupervisorTareaElemento GCII SupervisorTareaElemento = new ();

gcii.setSupervisor (RodriguezManuel);

gcii.setTarea (verificar contabilidad);

gcii.setHorario (diezhorasdelamananha);

SupervisorTareaElementoRepository.save (GCII);

...

// registra a Manuel Rodríguez Verificando el inventario a las 10 horas

SupervisorTareaElemento GCII SupervisorTareaElemento = new ();

gcii.setSupervisor (RodriguezManuel);

gcii.setTarea (verificar inventario);

gcii.setHorarío (diezhorasdelamananha);

SupervisorTareaElementoRepository.save (GCII); // debe dar Excepción

}

}

Lo que añadimos en la clase de prueba es el código que realmente implementa la regla "un supervisor no puede realizar dos tareas a la vez". Note que la prueba no está basada en suposiciones. La usuaria Patricia nos pasó esos datos. Una vez más vamos a dar "pasos de bebé", sin embargo, esta vez modificamos la prueba para que esta guarde una excepción, expectedExceptions = Domainexception.class. Es decir, ahora para que la prueba pase, debe ocurrir una excepción.

Ejecutamos la prueba y vemos que esta está RED, ya que la excepción no sucede con la implementación actual. Es óptimo tener ese RED. En la TDD, el hecho de que usted tenga una prueba que falla significa que está avanzando en el problema ya que el fallo de una prueba es un indicador importante de que usted posee criterios de éxito medibles.

Con RED, nuestro siguiente paso es la perdición. Vamos a dar un pequeño paso añadiendo el código que vemos a continuación para tener el GREEN rápidamente. Recuerde que, en ese punto, queremos validar la clase de prueba cometiendo "errores muy graves". Es importante validar la clase de prueba. No pierda tiempo en ese momento queriendo hacer funcionar la implementación. El REFACTOR sucede enseguida y ahí podrá ver los errores y obtener la solución.

```
public class GradeCurricularltemDA0 implements

SupervisorTareaElementoRepository {

@Override

public void guardar (SupervisorTareaElemento instance){

validarSupervisor (instance);

entityManager.persist(instance);

}

public void validarSupervisor (SupervisorTareaElemento instance){

if(instance.getHolario().equals("10"))

throw new DomainException(); // error!!!

}

}
```

Note que en la implementación del método validarSupervisor se colocó un código que lanza una excepción solamente en la segunda llamada del método guardar. Esto es una artimaña para que la excepción no ocurra en la primera llamada.

Con eso, una excepción es lanzada y tenemos el GREEN en pocos segundos. Nuestra clase de prueba está validada, lo que significa que una vez más conseguir dar un paso medible hacia el éxito. En este punto, sabemos que nuestro criterio de éxito funciona.

El próximo paso es refatorar. Cambiamos la implementación del método validarSupervisor con código real que implemente la regla de negocio. Con eso, tenemos el código que resuelve las expectativas del usuario.

En este punto, sabemos que nuestro criterio de éxito funciona. El siguiente paso es refactorizar. Se ha cambiado el método de aplicación **validarSupervisor** con código real que implementa la regla de negocio. Con esto ya tenemos el código que resuelve la regla 1 de la Tabla 2, las expectativas del usuario.

Este ciclo continúa con los "pasos de bebé", sin embargo, no significa que no sea rápido. Son pasos cortos, rápidos y confiables. Cada línea implementada nos dice que avanzamos en la implementación de la historia con criterios medibles claros. Llegando al fin, integramos la pantalla y podremos validar con el software con Patricia.

Vea que el objetivo del ciclo es coger una funcionalidad e implementarla con éxito, sin márgenes para suposiciones ni desperdicios de tiempo y dinero. Es una plantilla muy eficiente. También tiene una pequeña diferencia para quien está comenzando a aplicar TDD que es la disminución del tiempo de DEBUG. Como ejecutamos las pruebas continuamente y a pasos pequeños, pero válidos, al terminar un conjunto de ciclos verá que prácticamente ya no necesitará depurar nada más porque ya ha probado todo.

DISEÑO INCREMENTAL

Se habrá dado cuenta de que las prácticas del TDD nos ofrecen un buen diseño y una buena arquitectura. De entrada, porque enfocamos todo en criterios de éxito medibles, es decir, realmente la arquitectura está guiada por requisitos reales del usuario y no por suposiciones arquitecturales. Prácticamente no hay margen para el overengineering. La solución es lo mínimo necesario para resolver el problema y nada más. El otro punto es que aplicando TDD estamos en el mejor principio para evaluar nuestro diseño: cohesión y acoplamiento.

Como introducimos micro-incrementos gradualmente y refactorizamos el sistema en todo momento, unidad a unidad, la práctica nos fuerza a realizar objetos naturalmente desacoplados y cohesionados. Evitamos abstracciones innecesarias, eliminamos las repeticiones y dejamos el sistema siempre abierto a los futuros cambios a un bajo coste. Lógicamente, eso requiere disciplina. Es importante resaltar que los proyectos iterativos e incrementales poseen toda una visión económica diferente de la visión tradicional. Hablando en términos financieros, podemos decir que un proyecto en cascada sería una operación arriesgada, mientras que un proyecto ágil, iterativo e incremental sería un Hedge. Uno de los valores más importantes del "Lean Thinking", que una de las bases de las metodologías ágiles, es evitar desperdicios. El pensamiento tradicional en relación a la arquitectura desde los años 60 es colocar todo el diseño en el lugar inmediatamente después del inicio. Las prácticas ágiles nos dicen que se poco se avanzar en el proyecto avanzando en el diseño si no tenemos la certeza ni de los cambios ni de los requisitos.

Con el diseño incremental, añadimos complejidad solamente cuando es necesario y refactorizamos lo que sea necesario, mejorando el código existente con confianza de que cualquiera cambio que tenga efecto colateral en nuestras pruebas se romperán (RED). Esa es una manera de amortizar la inversión en diseño durante todo el proyecto.

Note que el diseño no se ha olvidado. No invertir nada en diseño es perjudicial para el proyecto. También es importante resaltar que invertir mucho en arquitectura en el inicio del proyecto no es tan ruinoso, siempre invertimos tiempo en arquitectura en el inicio del proyecto, pero no mucho tiempo, normalmente unas dos reuniones con el equipo y algunas pruebas de concepto. De cualquier manera, tratar el asunto de manera incremental es más eficiente.

INTEGRACIÓN CONTINUA

Hasta el momento vimos el trabajo de un desarrollador ágil trabajando aisladamente. Colocar micro-incrementos en el software es una tarea muy fácil, ya que nos libramos de los riesgos de integración. Sin embargo, así como implementamos lo que nos pidió Patricia, Miguel y Rosa implementaban lo que Sergio pidió y Jorge y Damián implementaban lo que pidió Susana. Tenemos varias historias que están siendo implementadas en paralelo. Todos estamos colocando funcionalidades en el software en paralelo.

Es posible que después de una actualización de la implementación del **SupervisorTareaElementoRepository**, después del primer REFACTOR de éxito, ya tengamos subido este código en la herramienta de control de versión que se puede hacer con un fichero CVS o Subversion, como ejemplo. Miguel que implementaba otra historia hizo modifiaciones en esa misma clase y también subió este código para el control de versiones. En ese punto, necesitamos integrar mis modificaciones con las modificaciones de Miguel para que nuestras pruebas o historias formen parte de una misma base de código que funciona. Para muchas personas esa posibilidad de que dos desarrolladores modifiquen las mismas clases a la vez es muy preocupante, sin embargo, es una práctica muy común en todos los equipos ágiles. Los desarrolladores están siempre añadiendo pruebas, implementando, refactorizando continuamente en su base de código privado o private workspace.

Es posible que tanto Miguel como Jorge estén junto con nosotros modificando el **SupervisorTareaElementoRepository** y muchas otras clases en paralelo, cada una en su propio código máquina. Un tiempo máximo de algunas horas, cada uno integra su propio código en el control de versión en consonancia con el éxito de sus pruebas.

Lo que preocupa a las personas es la tarea de mezclar códigos de una misma clase realizados por varios desarrolladores en paralelo. Sin embargo, esa práctica es muy importante para obtener rapidez en el desarrollo. En ese escenario, los otros desarrolladores no pueden esperar que un desarrollador termine la historia para que ellos puedan modificar el **SupervisorTareaElementoRepository**. Los trabajos deben ocurrir en conjunto. Lo que no es productivo que es un desarrollador pare su trabajo porque otro usa determinado recurso. El proceso debe dar esa libertad para que se pueda optimizar el coste.

A pesar de esta preocupación, acostumbrarse a mezclar código es algo rápido. Ya que usted podrá experimentar que no va a tener que esperar a que otros liberen el archivo. Todos los IDEs actuales poseen herramientas que nos ayudan en esa tarea de mezclar código durante la integración, mostrando las modificaciones realizadas y cómo integrarlas.

La práctica de la integración continua nos dice que no se debe dejar de integrar el código durante mucho tiempo. Si su base de código privada o private workspace está muy desactualizada, la integración requerirá más tiempo y dinero y será más propensa a errores. Se deberá integrar el código siempre que se pueda, mezclar sólo nos llevará algunos instantes. Dejar de mezclar código durante varios días podrá hacer que la integración le lleve varias horas.

OTRAS PRÁCTICAS IMPORTANTES

Tenemos varias prácticas importantes que forman parte del día-a-día del desarrollador ágil. Vamos a citarlas a continuación:

- **Código Colectivo**: En complemento a la integración continua, los elementos de software no tienen dueño. Cada desarrollador tiene libertad para modificar cualquier herramienta de software y es responsable de todos ellos. La responsabilidad es compartida entre todo el equipo.
- **Programación a los Pares**: Esta es la práctica más polémica de los equipos ágiles. "Dos cabezas piensan mejor del que una" es lo que dice el dicho popular. Y sí, el desarrollo de software es pensar. Desarrollar todo el código de producción con dos desarrolladores trabajando juntos, compartiendo la misma máquina. Eso traerá una mayor productividad y calidad para el trabajo.
- **Build en 10 minutos**: El trabajo de obtener un build funcional de la aplicación no puede llevarle más que 10 minutos. Eso consiste en tener un paquete implantable y probado. Conforme el sistema crece, se deberá construir más código y deben ser ejecutadas más pruebas; la tendencia es que el tiempo del build aumente. También es importante que tenga un paquete implantable diariamente.

CONCLUSIÓN

El objetivo de este capítulo era principalmente demostrar cómo es importante tener parámetros de éxito medibles el día-a-día del desenvolvedor. El objetivo de cualquier proceso de desarrollo de software es entregar valor de manera rápida. El objetivo debe ser tener el software funcionando. Si incrementamos funcionalidades conseguimos software funcionando en pocos instantes. Lo que tenemos en el mercado es la aparición y la adopción de diversas herramientas que auxilian nuestro trabajo en el ciclo ágil de un día. Como ejemplo, ¿no sería muy legal si los criterios de prueba se integraran al ciclo de prueba y ya nos suministrara el RED del ciclo TDD? Eso podría hacer que esos criterios de prueba sean ejecutables.

Actualmente, tenemos herramientas, como el Fit y el Fitnesse, que nos entregan ese tipo de funcionalidad. Otra duda que vosotros podéis tener es acerca de las pruebas en la pantalla del usuario. Con el Selenium, es posible obtener el RED a través de pruebas en la propia GUI Web.

Esas prácticas son parte de Test-Driven Development y del Acceptance Test-Driven Development. Estas herramientas comienzan a ser adoptadas a gran escala para tener pruebas de aceptación automatizadas. La asociación de esas prácticas, conjuntamente con otras como el Domain-Driven Design, forman un gran conjunto llamado Behavior-Driven Development.

LA GESTIÓN DE PROYECTO ÁGIL

El desarrollo de software es una actividad completamente diferente a todo lo que la industria construyó desde los tiempos de la revolución industrial. Por ello el desarrollo de software requiere prácticas especiales de gestión de proyecto, ya que su producción tiene una naturaleza diferente, este es el primer paso de un camino importante que definirá el éxito o el fracaso de un proyecto. El objetivo de este capítulo es aclarar que un proyecto de software necesita un control empírico sobre el proceso. Los proyectos de software no se aproximan ni un poco a otros tipos de proyecto, por ejemplo, a un proyecto de ingeniería civil como puede ser la construcción de un edificio o una carretera.

LA INFLUENCIA DEL MANIFIESTO ÁGIL DE 2001

El objetivo del encuentro que desencadenó el Manifiesto Ágil en 2001 no era solamente dejar un marco en la historia del desarrollo de software, sino que pretendía juntar a un grupo de maestros para ofrecer al mundo una alternativa a las metodologías pesadas y altamente dirigidas por la documentación del proyecto que aún se usan hoy en día. Tampoco era objetivo de ese encuentro hacer que todos llegaran a un acuerdo con una única visión, muchos de los presentes eran hasta de empresas competidoras entre sí, pero, por increíble que parezca, estos alcanzaron acuerdos en un conjunto de valores ágiles que resumen todas las metodologías presentadas. Esos son los valores del Manifiesto Ágil, el consenso de los participantes del encuentro: Personas e iteraciones son más importantes que procesos y herramientas. El software esté funcionando es más importante que una documentación extensa. Las relaciones con el cliente son más importantes que la negociación del contrato.

Responder a los cambios es más importante que seguir la planificación.

Ese conjunto de valores puede asustar a primera vista y muchas veces esto apenas son interpretados en el mercado. Para explicar mejor, el primer valor no dice que herramientas y procesos no sean importantes, ya que lo son, sin embargo, las personas y la comunicación entre estas son más importantes todavía. La idea es que los elementos finales son importantes, sin embargo, los elementos iniciales son más importantes.

Una de las ideas erróneas que rondan en el mercado es que las metodologías ágiles surgieron de ese encuentro en 2001. Eso es completamente erróneo, muchas de las metodologías ágiles, como el Scrum, ya estaban en pleno estudio, desarrollo y mejora desde los años 80.

El mercado en general está lleno de ideas erróneas sobre los procesos ágiles, sin embargo, es importante mencionar que los exigentes mercados americanos y europeos ya cambiaron su visión sobre el desarrollo ágil. Ellos no consideran la agilidad cómo una solución innovadora y sí cómo la manera correcta de hacer las cosas. La agilidad ya cruzó el abismo de la adopción de tecnología de la teoría de Moore.

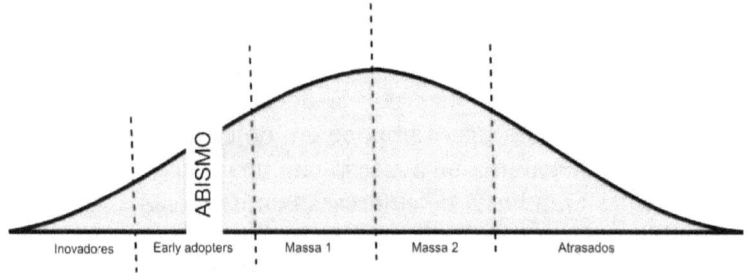

El objetivo de este capítulo no es explicar esa curva, sin embargo, investigaciones recientes confirman que las prácticas ágiles como el build rápido, refactorings, el desarrollo iterativo, el feedback constante de los stakeholders, la integración continua, la gestión de proyectos basado en objetivos, reuniones diarias, etc. ya han sido adoptados por las masas y para grandes proyectos críticos.

Esos cambios de comportamiento ya suceden y muchas empresas obtienen mejores resultados con esas prácticas. Mejores resultados son:

- Rápido "time-to-market", las soluciones tardan menos en llegar al mercado;
- ROI optimizado, el retorno sobre la inversión, las soluciones se pagan más rápidamente;
- Mayor productividad, se crea mucha con poca inversión;
- Mejor adherencia a los negocios, el TI no está más aislada de las decisiones importantes de negocio.

Por desgracia, en términos generales, pocas instituciones están orientadas en técnicas ágiles para la gestión de proyectos ya que no perciben esos beneficios o los ignoran. Es interesante que, en el aspecto tecnológico, muchos programadores estén en sintonía con las nuevas tecnologías. Sin embargo, en el escalón gerencial (directores, gerentes y coordinadores), pocas personas ni siquiera conocen el nombre de las metodologías más actuales de gestión de desarrollo de software, como el Scrum. El panorama que temo hoy es que muchos gestores se esconden atrás de gráficos de Gantt o de herramientas de gestión. Los Gantt Chart son poco eficaces para gestión de proyectos de software. Las personas intentan utilizar esas herramientas porque estas son muy valiosas para otros tipos de proyectos, como la construcción de un puente, el lanzamiento de un cohete espacial, un proyecto de ingeniería mecánica, un cambio de dirección de oficina, etc. Sin embargo, un proyecto de construcción de software, por desgracia, es diferente, ya que no es lineal de la manera de un Gantt Chart.

EL CONTROL EMPÍRICO DEL PROCESO

Muchos de los procesos de nuestro día-a-día sólo son aceptaciones como válidos porque aceptamos el nivel de calidad que el producto final nos ofrece. Usted acepta el proceso de construcción de un coche, aunque realice un pequeño ruido en el freno. Usted acepta esperar hasta 10 minutos para ser atendido en la cola de la charcutería. El tráfico es violento y aún así no dejamos de usar el coche. El proceso y calidad están íntimamente relacionadas.

Cuando un determinado proceso no alcanza el nivel de calidad que esperamos, podemos decir que el proceso no funciona. Si usted no acepta esperar 10 minutos hasta ser atendido en la charcutería, automáticamente el proceso de aceptación ya no es válido.

En relación a esa cantidad, determinados procesos son prescriptivos y poseen una estructura de control medianamente definida ya que poseen puntos de observación en que cada paso que pueden ser verificados como válidos. La construcción de un puente sigue un proceso prescriptivo. Una línea de montaje de un producto es un proceso prescriptivo. En esos procesos, cada paso que avanza en el ciclo, más pequeña es la incertidumbre, ya que puede evaluar ese paso como válido.

Una característica importante de los procesos prescriptivos es que se si el producto final no alcanza el nivel de calidad que espera, el coste es muy alto para reconstruir ese producto nuevamente o para reparar el fallo. Como ejemplo, si un coche al final de la línea de producción fue montado de modo que no alcanza el nivel de calidad exigido es prácticamente imposible modificarlo nuevamente en la línea de montaje para que sea producido de la manera correcta. Es más barato tirar el coche a la basura y corregir la línea de producción.

El software no posee pasos intermediarios que puedan ser verificables como válidos durante su ciclo de vida. Cuando usted captura los requisitos no tiene la certeza de que estos solucionarán las necesidades del negocio, cuando usted elige una arquitectura no tiene la certeza de si esta será suficiente.

Cuando usted codifica, se suman a esas incertidumbres los aspectos técnicos y también en relación al futuro, es decir, el mantenimiento del software. Las pruebas son efectuadas sobre requisitos inciertos y, también, nunca sabemos si las pruebas son suficientes. Nosotros sólo conseguimos reducir esa incertidumbre cuando el usuario efectivamente usa la aplicación. Recuerde que el objetivo es resolver un problema de negocio y no simplemente entregar cualquier software.

Durante todo el ciclo, no puede decir que los requisitos están correctos, los modelos están correctos, el código está correcto, las pruebas están correctas. Aunque todo esté de acuerdo con los requisitos, puede ser que los requisitos no atiendan al negocio. Por todo esto, llegamos a la siguiente conclusión: Desarrollo de Software = Gestión de la Incertidumbre.

Cuando desarrollamos productos de procesos empíricos, como el software, las maneras empíricas de gestión de proyectos deben ser aplicadas. El software es un producto que evoluciona constantemente hasta que los objetivos de negocio sean alcanzados. Muchas veces, simplemente atender a requisitos no es suficiente, la gestión debe estar orientada constantemente a reducir las incertidumbres, y el tener software funcionando junto a los usuarios reales es la mejor manera de reducir la incertidumbre.

Todos los pasos que tenemos para construir el software se tratan como abstracciones. Los casos de uso y las historias de usuario son abstracciones de requisitos, los modelos UML también son abstracciones, el código también es una abstracción. Todos esos pasos intermediarios son abstracciones del que se quiere que sea un sistema computacional que resuelva problemas de negocio.

Por más que el usuario concuerde con el Caso de Uso, con los modelos, con los prototipos, este no tendrá una experiencia real hasta que este no entre en contacto con el software funcionando, esto quiere decir que hasta ese momento

No podemos decir que los pasos intermediarios agregan valor de negocio o si reducen la incertidumbre.

El objetivo es la adherencia a los negocios y solamente los usuarios podrán suministrarnos la evaluación de si conseguimos o no alcanzar ese objetivo. Si tiene el 100% de los requisitos mapeados para su proyecto, pero su marcha efectiva es del 0% en relación al objetivo de entrega software. Tener los requisitos mapeados agregan prácticamente... nada para reducir las incertidumbres, solamente se empezarán a reducir las incertidumbres cuando esos requisitos sean implementados y homologados.

Una confusión constante en el desarrollo de software es la definición de re-trabajo. Imagine que usted re-capturó requisitos en relación a una determinada pantalla de pedidos y con la entidad de pedidos. Usted modeló e implementó de acuerdo con lo que definió como objetivos de su iteración.

Usted muestra la pantalla al usuario y a este le gustó lo que vio, pero aún faltan algunas cosas. El hecho de usted tenga que modificar la pantalla nuevamente o la entidad no significa re-trabajo y sí refinamientos. Lo que muestra la marcha del proyecto es el cumplimiento de esos objetivos y no el número de las pantallas implementadas. Si después, en la vigésima entrega, algún concepto de negocio necesita de más ajustes en la entidad de pedido tampoco será re-trabajo, simplemente es que el software está madurando. No considere que tener que modificar cosas ya implementadas es re-trabajo, principalmente si el proceso es ágil.

Esa dinámica es posible porque el producto de software nos permite que lo tratemos de esa forma. El coste para ajustar los conceptos en el software no sigue el estándar de un proceso prescriptivo.

La tecnología nos permite construir el software de modo incremental. Eso nos lleva a otro concepto: software = idea. Las ideas son cosas que maduran. Es difícil tener la idea completa de cómo resolver un problema complejo inmediatamente en el primer momento que surge. El software, así como una campaña publicitaria, o una acción de marketing, o un nuevo producto, es algo que florece con la participación de muchas personas y llega a la madurez en constante estudio y adaptación.

El problema que tenemos en el mercado actualmente es que los equipos, y principalmente los gestores, se niegan a admitir o simplemente desconocen el hecho que la construcción de software es algo diferente. Muchas veces los proyectos y las planificaciones no son correctos, porque los gestores toman la construcción del software como una línea de producción o como un proyecto de obra civil. Sin embargo, las maneras prescriptivas de gestionar un proyecto no atienden a la naturaleza de un producto empírico. La construcción del software es algo diferente de todo lo que la industria ya construyó antes. Admitir esa premisa, que el software es diferente, es el primer paso para adoptar una postura ágil que respete la inversión de aquel que paga por la construcción del sistema.

El Scrum es una de las maneras empíricas de controlar la gestión de la producción de software basado en alta productividad y satisfacción de los actores que envuelven el proyecto.

Los requisitos detallados

Muchos proyectos de software consideran que el objetivo del equipo es implementar los requisitos. Con ese objetivo, al inicio del proyecto se inicia una larga jornada de levantamiento de esos requisitos en detalle, que, en algunos casos, puede llevarnos algunos meses. Con todos esos requisitos en mano, finalmente el equipo aplica alguna métrica para saber realmente el tamaño del software. Y eso es lo que estos llaman el alcance. Después de ese levantamiento, ese equipo tradicional ya puede aplicar el desarrollo iterativo. Sin embargo, los usuarios no pueden solicitar modificaciones fuera del alcance, aunque el software no atienda al negocio, porque el objetivo del equipo es implementar requisitos.

Si usted desarrolla software de esa manera lo más seguro es que su usuario o cliente no quede satisfecho con su trabajo. Muchas empresas, como las fábricas de software o software factories, aplican esa estructura de proyecto porque según ellos: no existe otra manera de resolver el riesgo del tamaño del proyecto, y los clientes pagan un precio más elevado para reducir el riesgo del proveedor, y peor aún, se quedan con un software que no alcanza las expectativas para su negocio.

Si trabaja con cualquier metodología tradicional como el RUP o el PMBOK, verá que estas tratan todo y cualquier alcance inicial como preliminar. Todas esas metodologías tradicionales predican que el alcance es un conjunto de objetivos de alto nivel del proyecto y no requisitos detallados. Juntamente con objetivos, el alcance también tiene riesgos, restricciones, condiciones y solamente una lista de los requisitos más importantes, sin detalles. El alcance, en la mayoría de los proyectos, es un documento de dos páginas que no lleva más de algunas horas de conversación con el cliente para ser elaborado. Los refinamientos sobre los requisitos surgirán en el tiempo correcto, durante las iteraciones del proyecto.

El cierre de ese alcance puede ser llamado como la concepción del proyecto (RUP) o la fase inicial (PMBOK). Algunos autores de la comunidad ágil también dicen que aplican esa iteración inicial de cierre de alcance, aunque sea sólo una estimación de coste. Si el proyecto es pequeño (hasta 7 personas y en un plazo de hasta 3 meses) es común que la concepción dure como máximo 8 horas. Un equipo ágil consigue en una reunión con el cliente definir el alcance que, en la mayoría de las ocasiones, nada más que una lista de funcionalidades organizada por prioridad de negocio. Cualquier inversión de más es perder tiempo y jugar con el dinero del cliente.

Caso de Estudio

Vamos a analizar el caso ficticio de TecnoCOM. La TecnoCOM es una empresa que distribuye material tecnológico para más de mil puntos de venta en Europa y Latinoamérica. Su facturación es de 20 millones de euros anualmente. Actualmente, el 80% las ventas son realizadas por 80 representantes que cobran comisión y los pedidos se envían vía fax a la central de distribución, donde 8 personas son responsables de la recepción de las ventas y de la entrada de los datos en el sistema ERP. Cada mes se realizan aproximadamente 24.800 pedidos cada mes.

El señor González, dueño de TecnoCOM, no está satisfecho con el coste de las ventas, ya que el proceso manual es muy susceptible a errores y con ello a pérdidas. Esos errores le cuestan a TecnoCOM unos 48.000 euros mensuales. La TecnoCOM necesita de un sistema de automatización de la fuerza de ventas, o por sus siglas SFA, Sales Fuerce Automation, en el cual los representantes, tendrán que tener notebooks, teclear los pedidos y transmitir vía internet directamente hacia el sistema ERP. Después de una buena conversación con el señor González y de otros directores, el equipo llegó al siguiente alcance (lista de funcionalidades):

ID	Funcionalidad	Iteración	Puntos
1	Entrada del pedido (simples)	1	8
2	Interface de transmisión de datos del vendedor <-> ERP	2	2
3	Integración del pedido, vendedor -> ERP	2	5
4	Entrada del pedido: cálculo de precios e impuestos	3	5
5	Integración de datos de precios, ERP -> vendedor	3	2

6	Integración de datos de impustos, ERP -> vendedor	3	2
6	Entrada del pedido: ventas	4	3
7	Entrada del pedido: límite de crédito	4	3
8	Consulta informaciones del cliente	5	3
9	Integración de clientes, ERP -> vendedor	5	5
10	Consulta informaciones de productos	6	5
11	Integración de productos, ERP > vendedor	6	1
12	Consulta notas fiscales e integración, ERP -> vendedor	7	5

Tabla 1.

Esa lista demuestra solamente el alcance funcional que es lo más importante en la mayoría de los proyectos.

Alcance, plazo y coste

Muchos de los proyectos de software son caros para las empresas. Como vimos anteriormente, si un proyecto de software pequeño son 7 personas en un plazo de 3 meses. En ese escenario cogiendo precios del mercado, el coste de ese proyecto sería entre 30.000 y los 100.000 euros. Imagine que el señor González, un empresario de una empresa mediana, quiera ese software. Lo que se pasa por la cabeza de este es que con ese coste podría abrir un punto de venta más en alguna localidad donde no tienen representación. Es un coste superior al establecimiento de dos filiales para la TecnoCOM con los que podría consolidar su posición en un determinado mercado. Es un coste muy superior a varios equipamientos que la TecnoCOM podría comprar para aumentar su producción. Esta siempre es una gran duda para los empresarios, que son los que deciden invertir.

Un buen administrador siempre piensa en el Retorno sobre Inversión (ROI). Nadie invierte dinero para perder dinero. Un buen administrador no va a gastar miles de euros sólo para decir que sus representantes ya pueden realizar un pedido en el notebook. El negocio tiene se tiene que beneficiar. Lo que ha sucedido últimamente en el mercado es que los proyectos de alcance cerrado, plazo cerrado y coste cerrado, muchas veces desarrollados por fábricas de software, están siempre desfasados en relación al negocio de quien compra el proyecto.

Además, muchas veces ofrezcan una calidad muy pobre, pero no confunda calidad de proyecto con calidad de software. La calidad de software es tener un sistema que atienda al negocio y que esté cohesionado, fácil de mantener, fácil de evolucionar, escalable técnicamente, tenga un bajo coste de propiedad (TCO) y la documentación en la medida correcta. Muchos de esos factores sólo pueden ser evaluados después que el software es implantado y algunos de estos sólo tras algunos años de que el software se está ejecutando. Para evaluar la calidad del software durante la construcción, es necesario investigar el código, principalmente a través de la opinión de un especialista. Existen pocas maneras deterministas para evaluarse la calidad del software que no dependa de un especialista.

CMMI muchas veces garantiza la calidad del proyecto, sin embargo, no garantiza la calidad del software, entonces, no necesariamente es una garantía de ROI.

Volviendo al proyecto, vamos a ver qué información nos aporta la tabla 1. Esta tiene una lista de funcionalidades separadas por iteraciones, juntamente con un peso funcional establecido por el equipo y con la participación de los stakeholders. ¿Qué significa esto? En primer lugar, esta lista de funcionalidades es un cronograma que ofrece al señor González una excelente visibilidad sobre su inversión. Este sabe lo que representan esas funcionalidades y estas están organizadas de acuerdo con aquello que este quiere ver funcionando en primer lugar. De esa forma, nuestra planificación está basada en objetivos y no en tareas. El proyecto se orienta más en entregar valor a través de software funcionando al final de cada iteración, que en una simple gran pila de documentos. La tabla 1 no es la única visión de la gestión del proyecto. La tabla 2 muestra la planificación del proyecto con fechas.

Iteración	Objetivo de la iteración	Período	Total de puntos	
1	Los vendedores conseguirán introducir el pedido en el notebook.	01/08/2014 a 20/11/2014	8	
2	Un pedido emitido por el vendedor podrá ser transmitido e integrado en el sistema ERP.	21/11/2014 a 05/12/2014	7	
3	Los datos de precios e impuestos estarán integrados y el pedido calculará los precios e impuestos en el	06/12/2014 a 30/12/2014	9	

	notebook del vendedor.		
4	El pedido permitirá ventas parciales y evaluará el límite de crédito de los clientes.	01/01/2015 a 12/01/2015	6
5	El sistema permitirá la consulta de información de clientes del ERP en el notebook de los vendedores.	13/01/2015 a 15/02/2015	8
6	El sistema permitirá la consulta de productos del ERP en el notebook.	16/02/2015 a 30/02/2015	6
7	El sistema permitirá la consulta de anotaciones fiscales del ERP.	01/03/2015 a 28/03/2015	5

Tabla 2.

En más de una ocasión, el alcance del proyecto es definido en objetivos de alto nivel. Aquí, tenemos dos conceptos importantes y complementarios. El primer concepto es el de TIMEBOX. Se habrá dado cuenta de que todas las iteraciones poseen aún número de días. Este es un concepto importante para el desarrollo iterativo, ya que el objetivo es demostrar resultados periódicamente. La idea que necesita estar en la mente del equipo es la siguiente: tengo 20 días para cumplir el objetivo. Si por algún motivo ese objetivo no se cumple en ese plazo, tal vez hayamos estimado mal el objetivo y tampoco hayamos estimado los posibles problemas que surgen durante el desarrollo de una funcionalidad en particular, sin embargo, es más fácil acertar con una planificación basada en objetivos de una planificación basada en tareas.

Este proyecto podría ser resuelto con tres recursos en el plazo de 5 meses con una bastante seguridad. Con eso, ya tenemos el coste. Si cada recurso cuesta 12.000 euros, el coste del proyecto ESTIMADO es de 60.000 euros solamente en el desarrollo del software. Esos números son estimados y poseen incertidumbres, sin embargo, son justos en relación a la inversión del señor González. Vea que no gastamos ningún centavo en detallar los requisitos en ese momento, ese trabajo se realizará durante las iteraciones. Los proyectos ágiles siguen un modelo de contrato de alcance variable, eso es, el proyecto es renegociado en cada iteración, en las cuales revisamos esos números. Cuando la incertidumbre baja, después de una o dos iteraciones de alrededor de 40 días, si se ha identificado que el proyecto es inviable, este puede ser cancelado. El señor González también tiene la libertad de cambiar de proveedor en cualquier momento.

Ese presupuesto tiene en consideración que el equipo consigue implementar, más o menos, siete puntos en cada iteración. Ese número fue tomado en base a la opinión del propio equipo, ya que todos tuvieron la oportunidad de expresar su opinión. Vamos a ver cómo eso funciona.

Estimaciones y métricas ágiles

En un proyecto SCRUM, el Product Backlog y el Plan del Proyecto (vea las tablas 1 y 2) son el cronograma, y este puede ser cambiado para adaptar la visión actual del sistema. Rara vez una planificación de software se mantiene igual desde el inicio: el orden de las prioridades cambia muchas veces a causa de nuevos riesgos o de las nuevas necesidades, las funcionalidades son retiradas o añadidas, algunas funcionalidades son partidas en pedazos más pequeños, etc. Con esa gran incertidumbre, principalmente al inicio del proyecto, es un gran desperdicio de tiempo y de dinero invertir en métricas detalladas o en profundizar en la captación de requisitos. Si su proyecto necesita de agilidad, la estimación que debe aplicar también debe ser ágil.

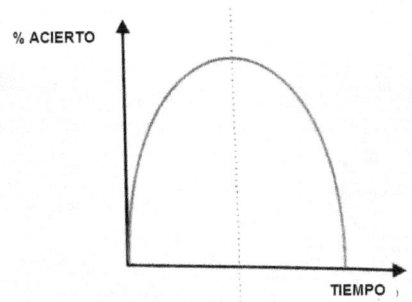

Curva de acierto x tiempo para métricas de software.

El gráfico de la figura anterior nos ofrece una información importante acerca de la estimación de software. Todas las estimaciones tradicionales (UCP, FPA) tienen en consideración principalmente el tamaño funcional y, de esa forma, se necesita una mayor profundidad en los requisitos del software para obtener un número a través de esas métricas. El problema de los enfoques tradicionales de la estimación sobre requisitos muchas veces es incierto. El gráfico nos dice que, si usted invierte poco tiempo en la métrica, esta puede tener un acierto bajo o muy bajo, mientras que si usted invierte mucho tiempo, el acierto también es bajo. ¿Existe un punto óptimo de inversión de tiempo en que el acierto sea maximizado? En ese fundamento se basa la estimación con story points.

La estimación con story points es una métrica que tiene en consideración la opinión de todos los actores involucrados en el proyecto. Esa estimación muchas veces se concreta en realidad porque no tiene en cuenta sólo el aspecto funcional o la complejidad técnica, pero sí tiene en cuenta al equipo como uno todo. Esos números que se hacen son el objetivo del equipo, en relación a su productividad, ya que la opinión de todos ha sido tomada en consideración. Las métricas tradicionales (UCP, APF) muchas veces sólo tienen en consideración la opinión de los analistas o de los coordinadores. De esa forma, es difícil que el equipo tome esos números como verdaderos ya que la opinión de estos no fue escuchada. Una de las técnicas para conseguir la colectividad en las estimaciones es el Planning Poker.

Las iteraciones

El RUP define una iteración como: "una iteración comprende las actividades de desarrollo que direccionan la producción de una versión ejecutable y estable del producto, conjuntamente con todos los elementos periféricos necesarios para utilizar esta versión".

En la planificación de las tablas 1 y 2, el equipo definió que el objetivo es entregar la emisión simple de pedidos. En este punto no tenemos ni los documentos de requisitos, ni los diagramas o los prototipos de la emisión de pedidos. El objetivo de toda iteración es entregar software funcionando. Aunque el pedido no estará completo en esa iteración, este será refinado en las próximas iteraciones. El objetivo es llegar al final de esa iteración y obtener un feedback positivo o negativo del señor González en relación a aquello que ha sido construido. Siempre que demostremos el producto, el señor González ve el valor en los 6.000 euros invertidos en el software en cada iteración, ya que sabe que el equipo está construyendo el software y no entregando una gran pila de documentos intentando protegerse de sus propios errores o incertidumbres.

Después del final de esa iteración, seguimos con el próximo objetivo: transmitir el pedido e integrarlo con el sistema ERP. El equipo se centra en ese nuevo objetivo. El objetivo del proceso iterativo es muy simple, pero poco aplicado. El funcionamiento es planear-trabajar-observar-adaptar. Ese ciclo, aunque con nombres diferentes, está presente en la mayoría de las literaturas de procesos o métodos de gestión de proyectos ya sean de software o no. El RUP, PMBOK, el XP, el SCRUM y otros siguen esa misma filosofía: agregar valor al negocio, en constante revisión y adaptación del proceso.

Básicamente trabajamos iterativamente para reducir el riesgo del proyecto. Acordamos más de una vez que el objetivo del proyecto es resolver un problema del señor González. Para resolver ese problema, deberán ser descubiertas muchas de las necesidades de los usuarios y debe emerger alguna solución de software para poder resolver esa necesidad. Algunas de esas soluciones de software son grandes, complejas y cruciales para el éxito del proyecto. En el caso de TecnoCOM, el pedido de ventas es una de esas funcionalidades grandes y arriesgadas. Cuando usted da con un problema de ese tamaño no se adelanta invirtiendo días en capturar requisitos, modelos, actas de reunión sin que los conceptos sean probados con software funcionando. Eso sería como intentar comerse una vaca entera en vez de ir comienzo filete a filete.

Nosotros vamos a aplicar eso en nuestra planificación del proyecto de TecnoCOM. El pedido será resuelto en partes, y como este forma parte del 20% de las funcionalidades que resuelven el 80% de las necesidades de los usuarios, este será implementado casi que totalmente en las primeras iteraciones. Cada 20 días, nosotros mostraremos la aplicación al señor González y otros trabajadores de TecnoCOM. Esa dinámica es más o menos lo que mostramos en la siguiente figura.

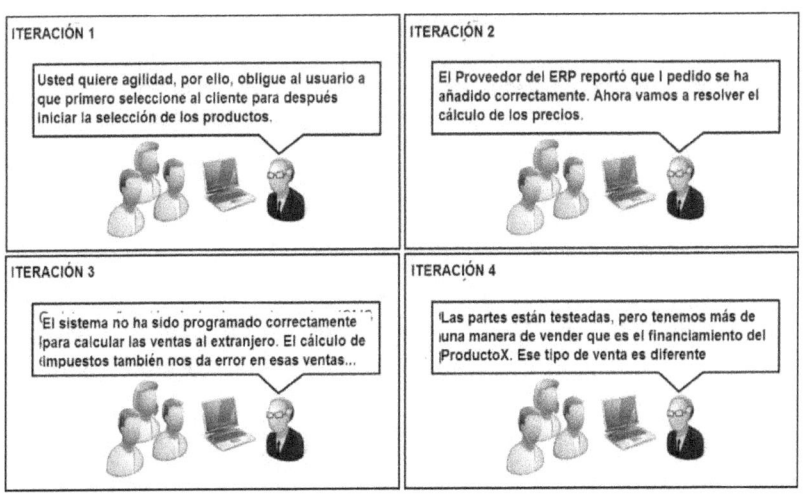

Dinámica de las relaciones con los usuarios en el desarrollo iterativo.

Como vemos, no sólo el señor González valida la aplicación, sino que también puede direccionar el desarrollo del software para que este atienda a su negocio. Las Redefiniciones surgen todo el tiempo y son estas las que hacen el software funcione. El software funcionando es lo que garantiza el ROI de su proyecto. Ahora, en la iteración 4 (figura anterior) podemos ver que surgió un cambio fuera del alcance. Nuestro alcance no decía nada acerca de ventas en el extranjero. Si ese tipo de venta es realmente muy diferente de una venta estándar o en parte, esa modificación debe ser negociada, económicamente hablando. En esa situación, el señor González debe tomar una decisión para incorporar ese nuevo requisito al proyecto, lo que conlleva a plantearse los siguientes puntos:

- Aumento del coste (si es posible)
- Aumento del plazo (si es asumible)
- "abrir la mano" a otras funcionalidades (si es conveniente)

El Scrum defiende la idea del arte de lo posible. Ese concepto nos dice que como equipo de desarrollo de software debemos respetar al máximo la Inversión realizada, siempre manteniendo el nivel de calidad. Si la venta al extranjero no vas a llevar al Product Backlog (tabla 1) una de las tres situaciones de arriba deberá ser considerada de nuevo ya que ese principio debe de estar bien fundamentado en el contrato de alcance negociable firmado con TecnoCOM. No es posible aumentar el alcance sin aumentar el plazo ni el coste o ambos. Es común que las empresas que utilizan la estrategia de "plazo-coste-alcance fijo" "abran la mano" de la calidad para mantener el triángulo de hierro equilibrado, sin embargo, eso contrario al concepto de entregar software funcionando.

Vamos a simular que el señor González decidió mantener el coste y el plazo. De esa forma, alguna funcionalidad del proyecto debe "abrir mano". Vea el Product Backlog actualizado en la siguiente tabla, la tabla 3.

ID	Funcionalidad	Iteración	Puntos
1	Entrada de pedido(simples)	1	8
2	Interface de transmisión de los datos del vendedor <-> ERP	2	2
3	Integración del pedido (vendedor -> ERP)	2	5
4	Entrada del pedido: cálculo de precios e impuestos	3	5
5	Integración de datos de precios (ERP -> vendedor)	3	2
6	Integración de datos de impuestos (ERP -> vendedor)	3	2
6	Entrada del pedido: ventas parceladas	4	3
7	Entrada del pedido: límite crédito	4	3
8	Consulta informaciones del cliente	5	3
9	Integración de clientes (ERP -> vendedor)	5	5
13	**Entrada del pedido: venta Extranjero**	6	**3**
10	Consulta informaciones de productos	6	5
11	Integración de productos (ERP > vendedor)	6	1
12	Consulta anotaciones fiscales e integración (ERP -> vendedor)	7	5

Tabla 3

En este ejercicio, aún simplificado, podemos ver qué cambios ocurren. Si toma como su objetivo resolver efectivamente un problema de negocio, deberá adaptarse a los cambios y, muchas veces, hasta estimularlas. Ahora, si los usuarios solicitan cambios que invaliden toda la planificación en cada instante, puede que suceda en los siguientes casos:

- La concepción apenas se ha llevado a cabo;
- Usted no comprendió el negocio del cliente;
- El cliente no comprende su propio negocio.

Independientemente de cualquiera de cada una de esas situaciones, un proyecto iterativo puede minimizar esos perjuicios si esos problemas son detectados en las primeras iteraciones. El proyecto puede hasta ser cancelado para proteger la inversión. Los proyectos en cascada o "tradicionales" sólo toman cuenta de esos hechos al final del proceso, cuando el señor González ya gastó miles de euros en una aplicación que no atiende a su negocio.

Auto-organizable

Muchos de ustedes deberán cuestionar si las tablas 1 y 2 son suficientes para la gestión de sus proyectos. En la mayoría de las ocasiones, si lo son, sin embargo, el propio equipo puede utilizar otras maneras de organizar las tareas del día a día. Los objetivos del proyecto son importantes, ya que la única manera de reportar la marcha del proyecto de una forma libre de riesgos es a través del software funcionando. Sin embargo, las tareas del equipo también son importantes, pero no lo suficiente para suministrar el status de marcha del proyecto. Las tareas del equipo son de responsabilidad del equipo, estas son ayudar al equipo a alcanzar los objetivos, pero, aunque se realicen mil tareas, el software funcionando aún es el principal índice para evidenciar la marcha del proyecto. Una de las maneras que tienen los equipos para organizar sus trabajos es un cuadro de Post-its, como podemos ver a continuación:

ELEMENTO	PENDIENTE	ASIGNADO	LISTO
EMITIR PEDIDO			REFINAR REQUISITOS / MODELO DE DATOS / PANTALLA DE PEDIDOS CARGA DE PRODUCTS / PANTALLA BUSQUEDA / PRUEBAS
FACTURAR PEDIDO	PRUEBA	IMPRESION No FACT.	REGLAS VALIDACION / REFINAR REQUISITOS / PANTALLA FACTURAC.
APROBAR PEDIDO	PANTALLA APROBACK / APROBACIO AUTOMATIC / PRUEBA DE CARGA / PRUEBAS	MODELO DE DATOS / VALIDAC.	
INTEGRAR ERP	Definir interface / Testes API Comm. / Escrever Docum. / Dados para Teste / Testes / Homolog		

Tareas del equipo.

El cuadro de tareas del equipo es una de las herramientas de gestión de proyecto más eficaces ya que permite que todo su equipo trabaje en el mismo espacio físico. Para equipos distribuidos ese cuadro no es la mejor opción. En ese cuadro, en el inicio de la iteración, el equipo define las tareas de bajo nivel (post-its amarillos) que solucionarán los objetivos de alto nivel (post-its azules) de la iteración. El cuadro permite una mayor visibilidad sobre lo que necesita ser realizado, lo que se ha realizado y lo que ya está listo. La idea es que las propias personas de los equipos mantengan el cuadro actualizado. Eso puede ser realizado a través de reuniones rápidas realizadas diariamente, como las promovidas por el SCRUM. Una de las características importantes defendidas por el SCRUM es que el equipo debe ser auto-organizable, lo que quiere decir que no debe haber nadie con mayor poder que esté en el control del equipo. El propio equipo debe saber volcarse solo para definir los trabajos técnicos del proyecto.

La gestión del proyecto tradicional dice que el gerente de proyecto controla las tareas. Este define quien va a realizar la tarea en cuestión.

El objetivo de las personas es simplemente hacer lo que el gerente les dice. Esa estrategia es muy pobre para los proyectos de software, ya que sigue el patrón de un proceso prescriptivo. En un equipo auto-organizable, no tenemos a nadie definiendo lo que el equipo tiene que hacer. La idea es hacer que el equipo tome el objetivo como propio, y de ahí, de lo propio se define lo que debe ser realizado a través de mucha comunicación y trabajo en equipo. Esas características deben estar presentes en cualquier equipo que participe en proyectos con control empírico como un departamento de marketing, un barco de pesca, un equipo de fútbol, etc.

Los equipos auto-organizables dejan, por norma general, a los gerentes de proyecto tradicionales totalmente desesperados, ya que mucho del control del proceso pasa a manos del equipo.

Hoy en día existen muchas empresas cuyos equipos están maduros para asumir una postura auto-organizable, sin embargo, la gerencia no admite el control empírico sobre el proceso bajo la disculpa de "perder el control", sin embargo, ese control es muchas veces simplemente algo imaginario y no real. Muchas veces, el liderazgo no permite que una evolución positiva que está emergiendo dentro de los equipos florezca, y esa postura ha definido el éxito o el fracaso de esos proyectos y organizaciones.

Otra característica importante defendida por la mayoría de las metodologías es el equipo multifuncional. Eso significa que el equipo debe tener la capacidad de suplir una necesidad del señor González a través de un incremento de la funcionalidad potencialmente implantable. Ese nombre tanto largo "incremento de funcionalidad potencialmente implantable" es un concepto del SCRUM que define el software funcionando. Potencialmente implantable significa que la funcionalidad está lista e integrada. Eso significa que el señor González puede en cualquier momento decidir colocar la aplicación en producción o funcionando. Por ejemplo, este puede decidir implantar el sistema con el pedido después simplemente de la iteración 3. Esa es una manera de anticipar al Equipo de marketing y potencializar el ROI. Como ya se ha mencionado, el 20% de las funcionalidades resuelven 80% de las necesidades.

El equipo debe tener todo conocimiento, todas las informaciones, todas las herramientas y todo lo necesario para capturar requisitos, analizar la solución, codificar y probar el software. Esto es bastante obvio para los proyectos de software. La idea es tener personas asignadas al proyecto, preferentemente en tiempo integral y todas asignadas en el mismo espacio físico. Se trata de una organización por proyecto, explicada por el PMBOK que vemos en la figura siguiente. Ese posicionamiento es defendido por el RUP, SCRUM, XP y otras muchas metodologías y autores importantes.

Organización por proyecto.

Es muy común encontrar en fábricas de software u otras empresas una organización funcional clásica. Eso es, una organización vertical en la cual tenemos departamentos o pseudodepartamentos organizados funcionalmente, donde ocurre una especialización siguiendo los principios de Taylor de la división del trabajo. Como podemos ver en la siguiente figura.

Organización funcional.

Como podemos ver, en esa estructura hay una división del papel del liderazgo en incontables personas. Esa no es una de las más indicadas para proyectos que siguen un proceso empírico como el software. La primera razón es que difícilmente conseguirá orientar al equipo en objetivos si existen incontables proyectos para cada persona. En esa configuración, las personas comúnmente trabajan como en una línea de montaje. Muchas veces estas se comunican sólo a través de herramientas, y las herramientas no dejan de ser un medio muy pobre de comunicación. La mejor manera de comunicarse y a través de la conversación cara a cara y una organización por proyectos como la que vimos en la figura de Organización por proyecto es la que más promueve ese tipo de comunicación. Vamos a ver ahora un trozo de la guía PMBOK que puede esclarecernos cuando ese tipo de organización funcional es indicado:

"La organización funcional clásica es una jerarquía en que cada operario posee a un superior bien definido. Los operarios son agrupados por especialidad, como producción, marketing, ingeniería y contabilidad, en el nivel superior. Las organizaciones funcionales que tienen proyectos, pero el alcance del proyecto normalmente está restringido a los límites de la función.

El departamento de ingeniería en una organización funcional hará su trabajo del proyecto de modo independiente de los departamentos de producción o de marketing.

Cuando se realiza el desarrollo de un nuevo producto en una organización puramente funcional, la fase de proyecto, generalmente llamada de proyecto de diseño, este incluye solamente al personal del departamento de ingeniería. Después, cuando surjen cuestiones sobre producción, estas serán enviadas al jefe de departamento en el nivel jerárquico superior de la organización, que consultará al jefe del departamento de producción".

Podemos ver que el PMBOK define que la organización funcional tiene características que, si son aplicadas en una empresa que desarrolla software, el proceso de desarrollo será en cascada o secuencial, huyendo del desarrollo iterativo e incremental. Las organizaciones funcionales se aplican a los proyectos de construcción de obra civil, es decir, en productos desarrollados mediante procesos prescriptivos. Esa es una de las razones por las que todo el concepto de la fábrica de software es como mínimo cuestionable. Otro punto es que, si el alcance del proyecto está restringido a los límites de la función, entonces prácticamente será imposible orientar al equipo a entregar software funcionando. Si usted aplica esa estructura en proyectos de software, el equipo estará orientado a tareas como: escribir 20 casos de uso, diseñar 30 diagramas, implementar 40 clases, ejecutar casos de prueba, etc. El problema de ese punto de vista es que la suma de esas tareas no necesariamente produce software funcionando o que atienda a la necesidad real del negocio. Como ya hemos visto, todo eso se trata de abstracciones que no pueden ser evaluadas como correctas hasta que el software sea validado en el ámbito de los negocios. Esto quiere decir que 20 casos de uso escritos simplemente significan que el 0% del proyecto está en marcha. Esa regla del valor agregado orientado al software funcionando es agresiva, sin embargo, es la manera más libre de riesgos de reportar la marcha del proyecto. Esa regla inclusive es una de las maneras que tiene usted de evaluar cómo está su proceso de desarrollo. Un buen proceso de desarrollo de software entrega software funcionando regularmente.

Si usted tiene problemas para tener un release estable de su aplicación en un periodo breve, de una semana más o menos, entonces es muy probable que tenga problemas en su ciclo de desarrollo. Haga una prueba: inicie una semana poniendo como objetivo a su equipo entregar funcionando un único escenario de un caso de uso hasta el viernes y vea lo que sucede.

Si ellos entreguen un build funcionando puede decir que su equipo consigue entregar valor en un corto periodo de tiempo. Si ellos no consiguen cumplir, es probable que tenga problemas en su entorno de desarrollo. Algunos problemas que suelen surgir en el mercado en general son:

- Problemas arquitecturales graves o falta de una arquitectura;
- Falta de conocimiento y formación de las personas;
- Estructuras altamente funcionales con muchas dependencias externas;
- Falta de motivación;
- Orientado en tareas y no en objetivos;
- Gestión cobarde;

Equipos poco compensados: muchos analistas y pocos probadores, como ejemplo. Algunos gestores, como los gerentes de proyecto o coordinadores, cuestionan cuando hablamos de esa regla, que es principalmente defendida por el Scrum. En el Scrum, cada iteración del equipo debe mostrar los elementos del Product Backlog funcionando para el Product Owner (el señor González). Solamente con el aval del Product Owner el elemento es dado como concluido. Esos gestores que cuestionan esa regla muchas veces están acostumbrados a procesos en cascada y comúnmente reportan la información con el porcentaje engañoso que nos reporta un diagrama de Gantt.

Estos están acostumbrados a reportar que 20 casos de uso escritos pueden representar a tener el 30% del proyecto concluido.

Usted ya oyó alguna vez la frase ¿Tenemos el 99% concluido sólo nos falta probar? Pues por culpa del Gantt Chart. Vamos a explorar más algunos problemas del Gantt Chart para los proyectos de software.

Diagramas de Gantt en los proyectos de software

Muchas organizaciones intentan y fallan miserablemente al aplicar diagramas de Gantt para controlar y reportar el status del proyecto.

Vamos a ver un ejemplo:

- **El proceso es cíclico:** es muy común ver Gantt Charts de proyectos de software con esa disposición, sin embargo, una de las mayores razones por las que falla la monitorización del proyecto con los Gantt Charts es que el proceso de desarrollo de software es cíclico y no lineal de la manera Requisitos-Análisis-Codificación-Prueba. Como ya hemos visto, los productos de esas disciplinas son abstracciones, por lo que no podemos tomar un documento de requisitos y tratarlo como "listo" de manera determinista. El desarrollo de una funcionalidad de software pasa por varios ciclos de Requisitos-Análisis-Codificación-Prueba. Esa es una de las razones por las que los Gantt Charts siempre están atrasados. Muchas veces, no está previsto en el cronograma que durante las pruebas el proceso puede volver a la codificación varias veces, al igual que con los análisis o los. Como ese tiempo no está previsto, naturalmente el cronograma se hace imposible de cumplirse.

- **El Síndrome del Estudiante:** uno de los problemas comunes de la orientación en tareas es un fenómeno llamado el "Síndrome del Estudiante" defendido por Eliyahu Goldratt en la Teoría de la Corriente Crítica. Ese fenómeno es simple de observar los proyectos. ¿Alguna vez consiguió ver un proyecto de software controlado por diagramas de Gantt que haya sido entregado antes del plazo? Como la mayoría de nosotros, seguramente muy pocos proyectos, seguramente los que eran realmente sencillos. Ese fallo sucede porque un Gantt Chart funciona mejor para proyectos con control definido y no empírico. El Síndrome del Estudiante también es llamado de Procrastinación. Procrastinar es aplazar continuamente el inicio de las tareas simplemente por el hecho de darle al cronograma "un plazo confortable". En el diagrama de la figura que vemos más abajo podemos ver que fueron asignadas 32 horas en julio realizar el análisis. Aunque este consiga hacer ese trabajo en 8 horas, la tendencia es que él sólo diga que terminó después de las 32 horas, o tal vez este inicie la tarea solamente cuando esté allá por las 24 horas del plazo. El Síndrome del Estudiante está probado por el simple hecho de que las personas realmente saben el último minuto posible que tienen estas para iniciar una tarea. Este nombre viene debido precisamente por esto, porque muchas veces nuestro comportamiento cuando tenemos una prueba marcada para entregarla aquí a un mes es como la de un estudiante cuando tiene exámenes: sólo comenzamos a estudiar un día antes del examen.

- **Las dependencias no existen:** Muchas personas realmente creen que existe una dependencia Requisitos-Análisis-Codificación-Prueba. Esas personas están en contacto desde hace mucho tiempo con diagramas de Gantt, organizaciones funcionales, división del trabajo y desarrollo en cascada, y esa exposición de prácticas pobres generó paradigmas en la mente de estas, sin embargo, esas dependencias no existen en la práctica. Es posible que usted tenga requisitos, análisis, codificación y pruebas todas a la vez, o tal vez, en un plazo tan corto de tiempo, de forma que no es interesante gestionar esas dependencias. Una de las cosas que las personas no comprenden de la metodología (XP) es la práctica de TDD (Test-Driven Development). En esa práctica, las pruebas son escritas antes de que cualquier código de la funcionalidad sea escrito. De esa forma, no existe código no probado y las pruebas son realizadas antes o durante la codificación. La idea es: codificar un poco, se prueba un poco, y ese ciclo ocurre centenares de veces en un único día. Otro punto: a los agilistas les gusta realizar las pruebas como sus propios requisitos, entonces, las pruebas y los requisitos se realizan una cosa sólo. De esa forma, una única semana, el ciclo requisitos-codificación-prueba puede ocurrir miles de veces dentro de un equipo. La captura de los requisitos puede ser realizado en cualquier momento a través de la práctica del cliente presente, o a través de una llamada telefónica con el señor González. El análisis puede ser realizado de modo incremental así que los nuevos requisitos son añadidos en el proyecto, es el refactoring. Las disciplinas no son fases, estas ocurren cíclicamente y ese ciclo en un equipo ágil es tan rápido que el coste para gestionarlo no merece la pena. Antes de que las personas comiencen a intentar a aplicar ideas Tayloristas en el desarrollo de software, esa actividad era muy simple, divertida y era la última preocupación que existía era el cronograma.

- **La gran mentira del porcentaje concluido:** Si usted ya trabajó con los diagramas de Gantt lógicamente, si ve la figura que vemos más abajo, deberá pensar que el porcentaje de conclusión del proyecto está en el 82% concluido. Si muestra ese Gantt a cualquier gerente de proyectos, la mayoría de estos le dirán que el proyecto está al 82% concluido. Estos están entrenados para buscar por la columna "% Complete" y subir los ojos hacia la primera línea para saber cómo está el proyecto.

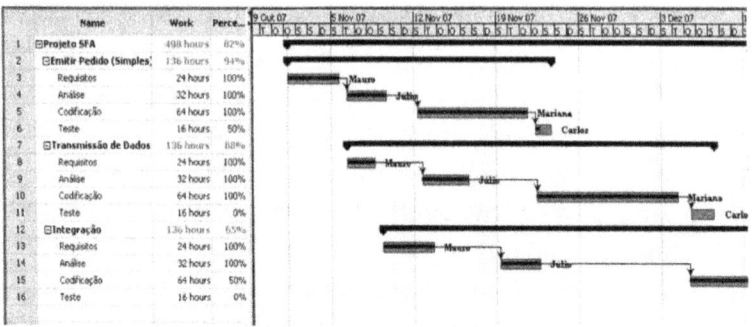

	Name	Work	Perce...
1	⊟Projeto SFA	498 hours	82%
2	⊟Emitir Pedido (Simples)	136 hours	94%
3	Requisitos	24 hours	100%
4	Análise	32 hours	100%
5	Codificação	64 hours	100%
6	Teste	16 hours	50%
7	⊟Transmissão de Dados	136 hours	88%
8	Requisitos	24 hours	100%
9	Análise	32 hours	100%
10	Codificação	64 hours	100%
11	Teste	16 hours	0%
12	⊟Integração	136 hours	65%
13	Requisitos	24 hours	100%
14	Análise	32 hours	100%
15	Codificação	64 hours	50%
16	Teste	16 hours	0%

Diagrama de Gantt de proyecto de software.

Antes de hablar del problema del 82% del proyecto concluido, quiero que imagine una máquina de hacer zumo de naranja. El proceso es fácil, usted abre el saco de naranjas, coloca las naranjas dentro de la máquina y después de unos instantes, sale el zumo de la máquina. Ese es el comportamiento es el esperado. Ahora, imagine que coloca las naranjas dentro de la máquina y no sale zumo ninguno. Usted habla con el vendedor de la máquina y este le dice que continúe colocando naranjas que el zumo va a comenzar a salir. Usted continúa, pero nada de salir zumo salir. Enfadado, vuelve a llamar nuevamente al vendedor y este le dice que continúe colocando naranjas. Entonces, verá que sucede algo raro, pero continúa colocando naranjas en la máquina, sin conseguir obtener ni una gota de zumo. Ese proceso continúa hasta que usted ya colocó 100 sacos de naranja en la máquina y ahora comienza a desconfiar que no vaya a salir zumo ninguno, o que, de salir zumo, este va ser de una pésima calidad.

Normalmente, es eso lo que ocurre en los equipos orientados a las tareas. Estos no consiguen extraer el zumo de la fruta. Si usted colocó 100 sacos de naranja en la máquina, ¿puede decir que el proyecto avanza aún sin haber obtenido ni una gota de zumo? El cliente que quiere el zumo, ¿quedaría satisfecho en saber que esos 100 sacos ya están en la máquina? Desde luego que no, lo que el cliente quiere es el zumo de naranja.

Muchas empresas de desarrollo de software, por increíble que pueda parecer, tienen una dificultad enorme en entregar software funcionando regularmente debido a muchos de los problemas que ya hemos visto anteriormente. Debido a esa dificultad, estas adoptan un proceso de desarrollo en cascada exactamente para postergar al máximo las actividades que evidencian los problemas (como la codificación y las pruebas). Debido a eso, para ellos es muy poco confortable reportar el status del proyecto basado en software funcionando, de manera iterativa. Para ese tipo de organización, el reportar status basado en tareas que no agregan valor ninguno es más confortable, aunque sea mentira.

Esas empresas usan Gantt Charts, ya que estos suministran una marcha del proyecto que atienden a sus intereses, sin embargo, reportar la marcha de proyectos de software basado en tareas es extremadamente arriesgado. Vuelva a mirar nuevamente la figura del diagrama de Gantt, usted ¿puede percibir que el 82% del proyecto esté concluido cuando no tenemos ninguna funcionalidad lista? Si se para a pensar, el software literalmente no existe, lo que tenemos son pilas de documentos, modelos y código no probado, ni siquiera sabemos si lo que se ha generado atiende al negocio de TecnoCOM. Los 82% concluidos es un gran engorro que normalmente se transforman en el 99% listo, sólo falta probar. La gestión orientada en tareas y el uso del diagrama de Gantt son los responsables por el famoso corre-corre, de las horas extras y del incremento del coste final de los proyectos. Un equipo ágil, en la mayoría de las ocasiones, tiene una tranquilidad enorme al final del proyecto. Basta con ver el Product Backlog y el Plan del Proyecto (tablas 1 y 2) del proyecto TecnoCOM. Después de la 3ª iteración, los mayores riesgos, como las funcionalidades críticas del pedido de ventas, ya están resueltas. La práctica de anticipar riesgos y trabajar al lado del cliente garantiza noches de sueño más tranquilas.

NO CONFUNDIR TRADICIONALISMO CON DESCONOCIMIENTO.

El objetivo es direccionar las prácticas de los equipos hacia aquello que realmente está fundamentado en las metodologías de desarrollo que las empresas dicen seguir, destacando el RUP y el PMBOK. Aprovecho aquí para relatar un tramo de la literatura del Ken Schwaber: "La MegaEnergy tenía un proceso de gestión de proyectos muy tradicional y formal desarrollado a través de los años por el PMO, que estaba compuesto por un equipo senior que anteriormente gestionaba proyectos de construcción de oleoductos. Para estos, el Gantt era el santo grial para la planificación y el control del proyecto. La solución de estos para el primer fallo del proyecto Title fue aumentar la extensión de la planificación inicial y fortalecer rígidamente el proceso del control de cambios en la segunda tentativa. Estos creían que el primer proyecto falló porque la gestión toleró muchos cambios en el plan inicial. Eso nos puede recordar a la definición de demencia de Einsten: hacer la misma cosa varias veces esperando resultados diferentes.

Sorprendentemente, esa práctica es común. Si un proyecto falla, las personas asumen que el proyecto falló porque los mecanismos definidos no fueron seguidos rigurosamente. Estos concluyen que lo que es necesario para tener éxito es tener más control y definición sobre el proyecto".

Continuamente, podemos ver en el mercado la aplicación de las mismas técnicas erróneas en muchos proyectos diferentes que fallan uno después del otro. El peor es que muchos gestores reniegan del Manifiesto Ágil argumentando que prefieren los métodos tradicionales como el RUP o PMBOK, sin embargo, como venimos aquí, estos están muy lejos de aplicar esas metodologías. Como ejemplo, ni el RUP, ni el PMBOK ni ninguna otra literatura importante dice que el Gantt Chart sea una herramienta buena para gestionar proyectos de software, por lo que utilizar esa herramienta no es tradicionalismo, y sí, una acomodación al estándar que sólo interesan a los propios gestores, ya que esa herramienta, muchas veces, oculta los problemas y muestra de manera muy errónea que la culpa es del equipo.

CONCLUSIÓN

La idea de este capítulo es hablar un poco sobre algunos rasgos del liderazgo con el coraje necesario para gestionar efectivamente un equipo de desarrollo de software. Esos rasgos pueden alejar a los líderes de las características de una gestión cobarde. Sólo para citar la diferencia entre esos dos estilos, vea la siguiente tabla.

Líder con Coraje	Gestor Cobarde
Es referenciado positivamente por el equipo.	Falla al agregar valor de negocio a las soluciones.
Se esfuerza al máximo para resolver problemas o sugiere opciones creativas para rodearlos.	Cobra rendimiento, pero no reconoce los problemas.
	No sabe resolver las dependencias del proyecto.
Conoce el día a día del equipo. Puede inclusive participar de las actividades del mismo.	Esconde la realidad a través de las herramientas de gestión.
Promueve la "auto-organización" del equipo.	No lidera.
Orientado en los objetivos.	Acostumbra a "dar unos gritos", impone autoridad.
Lidera dando ejemplo a los equipos.	

Editorial

IT Campus Academy es una gran comunidad de profesionales con amplia experiencia en el sector informático, en sus diversos niveles como programación, redes, consultoría, ingeniería informática, consultoría empresarial, marketing online, redes sociales y más temáticas envueltas en las nuevas tecnologías.

En IT Campus Academy los diversos profesionales de esta comunidad publicitan los libros que publican en las diversas áreas sobre la tecnología informática.

IT Campus Academy se enorgullece en poder dar a conocer a todos los lectores y estudiantes de informática a nuestros prestigiosos profesionales, como en este caso Raúl, instructor de programación y analista de software con más de 8 años de experiencia, que, mediante sus obras literarias, podrán ayudar a nuestros lectores a mejorar profesionalmente en sus respectivas áreas del ámbito informático.

El Objetivo Principal de IT Campus Academy es promover el conocimiento entre los profesionales de las nuevas tecnologías al precio más reducido del mercado.

ACERCA DEL AUTOR

Este libro ha sido elaborado por Raúl Noriega Martínez, instructor de programación y análisis de software desde el año 2007.

Raúl ha realizado varios cursos de desarrollo de software y procesos de desarrollo Web para varias de las más prestigiosas empresas de formación online en el ámbito hispanoamericano.

Esperamos que este libro le ayude a poder sacar adelante aquellos desarrollos de software que usted desea producir de una manera más ordenada, detallada y planificada y con ello consiga producir el software realmente deseado.

www.ingramcontent.com/pod-product-compliance
Lightning Source LLC
Chambersburg PA
CBHW051718170526
45167CB00002B/704